AI 시대
엔터테인먼트 마케팅

커뮤니케이션이해총서

급변하는 커뮤니케이션 환경에서 새로운 지식에 대한 욕구가 높아지고 있습니다. 이러한 흐름에 발맞추어 하나의 커뮤니케이션 주제를 10개 항목으로 묶어서 달걀 꾸러미처럼 엮었습니다. 사회의 변화를 빠르게 알기 원하는 대중과 시대에 앞선 지식을 단시간에 알고자 하는 연구자, 실무자, 학생에게 도움이 되는 책입니다.

일러두기

- 인명, 작품명, 저서명, 개념어 등은 한글과 함께 괄호 안에 해당 국가의 원어를 병기했습니다.
- 외래어 표기는 현행 어문규정의 외래어표기법을 따랐습니다.

AI 시대
엔터테인먼트 마케팅

김찬석·이현선

대한민국, 서울, 커뮤니케이션북스, 2025

AI 시대 엔터테인먼트 마케팅

지은이 김찬석·이현선
펴낸이 박영률

초판 1쇄 펴낸날 2025년 6월 16일

커뮤니케이션북스(주)
출판 등록 2007년 8월 17일 제313-2007-000166호
02880 서울시 성북구 성북로 5-11 (성북동1가 35-38)
전화(02) 7474 001, 팩스(02) 736 5047
commbooks@commbooks.com
www.commbooks.com

CommunicationBooks Inc.
5-11, Seongbuk-ro
Seongbuk-gu, Seoul, 02880, KOREA
phone 82 2 7474 001, fax 82 2 736 5047

ISBN 979-11-430-0200-6 04300

책값은 뒤표지에 표시되어 있습니다.

차례

재미, 즐거움, 놀이가 엔터테인먼트

"엔터테인먼트는 사람들에게 즐거움과 재미를 주는 모든 활동이나 산업이다."
"엔터테인먼트는 스토리를 만들고 전하며, 이를 사랑하게 만들어 소비자와의 관계를 형성하고, 마지막으로 그 사랑을 수익으로 전환하는 과정을 포함한다."
"엔터테인먼트는 사람들을 즐겁게 하기 위한 모든 활동을 말한다. 쉽게 말해 놀이라고 생각하면 된다."
"엔터테인먼트는 사람들에게 즐거움, 재미, 휴식을 제공하기 위해 만들어진 다양한 활동, 콘텐츠 또는 경험을 의미한다."

프롬프트에 "엔터테인먼트가 무엇이에요?"라고 묻자, 서로 다른 오픈AI(OpenAI)가 내놓은 대답이다. 쉽게 말해서 TV를 보면서 우리가 일상적으로 즐기는 연예, 오락 프로그램을 생각나게 하는 설명이다. 오늘날 엔터테인먼트는 현대인에게 공기나 물 같은 존재가 되어 버렸다. 엔터테인먼트의 핵심은 재미와 즐거움이라고 하는데 AI도 공통적으로 말하고 있는 것을 보면, 재미와 즐거움 없는 인간 생활은 상상할 수 없고, 재미와 즐거움을 추구하는 것은 인간의 본능이라 할 수 있다.

인간의 본성, 호모 루덴스

인간의 이성적 특성에 초점을 맞춘 '생각하는 인간'이란 의미의 호모 사피엔스(Homo Sapiens), 생산적 · 창조적 능력을 강조하는 '도구를 만드는 인간'이란 뜻의 호모 파베르(Homo Faber), 이익과 합리성을 추구하는 '경제적 인간'이란 말로 사용하는 호모 에코노미쿠스(Homo Economicus)에 이어 인간은 즐거움을 추구하는 존재라는 뜻의 학명 호모 루덴스(Homo Ludens)는 즐거움을 인간 존재성의 핵심으로 보는 개념이다. 인간이 단순히 생존이나 생산 활동만을 위해 존재하는 것이 아니라 즐거움과 놀이를 통해 문화를 창조하고 발전시킨다고 보는 것이다. 호모 루덴스는 엔터테인먼트와 떼려야 뗄 수 없는 관계다. 예술, 스포츠, 게임 등 모든 형태의 즐거움 추구 활동이 인간 본성을 대표한다.

호모 루덴스라는 개념은 1938년 네덜란드 문화사학자 요한 하위징아(Johan Huizinga)가 처음 제시했다. 그는 인간은 본질적으로 놀이하는 존재라는 철학적 관점을 수립했다(Huizinga, 2010). 문화는 놀이에서 발생하고 놀이로서 발전한다는 것이다. 하위징아는 여기서 놀이가 가진 특성을 자발성, 일상생활과 구별되는 특별한 활동, 시공간적 한정성, 규칙의 존재, 긴장감과 즐거움의 공존 등으로 정의했다.

인류사에 박혀 있는 엔터테인먼트 DNA

그렇다면 인간은 언제부터 즐거움을 추구하는 존재였을까? 선사 시대로 거슬러 올라가 보자. 약 20만 년 전 선사시대 유물 중에서 생존과 직접 관련이 없어 보이는 조각품이나 장식품이 발견되는데, 대표적으로 남아프리카 블롬보스(Blombos) 동굴의 조개껍질 장신구가 있다. 이 장신구는 실용적 필요보다는 심미적 · 놀이적 성격을 지닌 것으로 즐거움을 추구한 것으로 해석된다. 프랑스 라스코(Lascaux) 동굴의 춤추는 듯한 인간의 모습을 그린 벽화는 약 1만7000년 전 것으로 추정된다. 또 독일 호흘레펠스(Hohle-Fels) 동굴에서 발견된 플룻은 약 3만5000년 전 것으로 추정된다.

신석기와 청동기 시대가 되면서 놀이 문화는 공동체적 성격을 띤다. 즐거움을 만들고 놀이하는 사람들의 정체성을 드러내는 문화적 정체성이 싹트는 과정에서 참여자들은 놀이를 스트레스를 해소하고 창의성을 발휘하는 하나의 창구로 인식하게 된다. 약 5000년 전 메소포타미아 우르(Ur)의 왕실 게임과 이집트의 세넷(Senet) 게임은 오늘날 보드게임의 기원으로 인식된다. 고대 수메르(Sumer) 점토판에 기록된 축제 장면은 종교 의식과 놀이가 결합한 공동체 활동으로 보인다. 청동기 시대 이집트 벽화에 묘사된 레슬링, 수영, 낚시 장면이나 크레타(Creta) 문명의 투우 의식과 곡예 등 고고학적 증거는 인간이 생존과 번식이라는 기본적 욕구 외에도 놀이와 즐거움을 추구하는 존재라는 것을 보여 준다. 즐거움과 놀이로 대표되는 엔터테인먼트가 수십만 년 동안 인간 DNA에 내재되어 오늘에 이르렀다고 볼 수 있는 것이다.

엔터테인먼트에 대한 고대, 중세의 논의

즐거움을 추구하는 존재로서의 인간, 다시 말해 인간이 엔터테인먼트를 즐기는 존재라는 명제에 대한 학문적 논의는 기원전 4세기 그리스 키레네학파(Cyrenaics)에서 처음 시작되었다. 소크라테스의 제자 아리스티포스가 만든 키레네학파는 인간의 모든 행동은 즐거움을 극대화하고 고통을 최소화하기 위해 이루어지는 것이라고 보았으며, 즉각적이고 육체적인 쾌락을 중시했다.

하지만 즉각적인 쾌락만을 추구하는 것이 장기적으로 해로울 수 있다는 점에서 키레네학파를 비판하며 에피쿠로스학파(Epicureanism)가 기원전 4세기 말에서 기원전 3세기 초에 등장한다. 에피쿠로스학파는 인간에게 쾌락은 궁극적인 목표이지만 육체적 쾌락보다 정신적 평온인 아타락시아(Ataraxia)와 고통이 없는 상태를 중요시했다. 에피쿠로스학파는 초기의 단순한 쾌락주의를 철학적으로 정교하게 다듬었다는 평가를 받는데, 인간의 장기적 행복과 균형 잡힌 삶을 강조하며 과도한 욕망과 쾌락은 피해야 한다고 강조했다.

즐거움과 쾌락에 대한 논의는 로마 시대 스토아학파(Stoicism)로 계승된다. 스토아학파는 행복은 덕(arete)을 통해 고통과 쾌락을 초월한 상태에서 온다고 보았다. 앞선 키레네학파의 단순 쾌락주의와 에피쿠로스학파의 균형 쾌락주의 등 쾌락주의에 반대해 덕과 이성(logos)을 삶의 중심에 두었다. 하지만 즐거움, 재미, 행복 등 쾌락주의를 완전히 부정하지는 않았다는 점에서 스토아학파의 엔터테인먼트에 대한 입장을 조금 더 살펴볼 필요가 있다.

스토아학파는 즐거움을 세 가지로 분류했다. 첫째, 자연적이고 필수적인 즐거움이다. 적절한 식사에서 오는 만족감, 건강한 신체 활동의 쾌감, 지적 탐구에서 오는 기쁨 등이 해당한다. 이 책에서 엔터테인먼트 마케팅 범주로 다루는 푸드 마케팅, 스포츠 마케팅, 예술 마케팅 등이 해당하는데, 스토아학파가 약 2000년 전 오늘날 엔터테인먼트의 핵심 장르를 자연적이고 필수적인 즐거움이라 명명했다는 데 놀라지 않을 수 없다. 둘째, 자연적이지만 불필수적인 즐거움이다. 예를 들어, 사치스러운 음식, 과도한 휴식, 단순한 오락 등이다. 셋째, 부자연스러운 즐거움이다. 탐욕에서 오는 만족감, 타인의 불행을 즐기는 것, 과도한 육체적 쾌락 등이다.

스토아학파는 즐거움을 추구하는 방법에 관심을 가졌는데, 과도함을 경계하며 절제를 실천하고, 자기 통제를 통한 감정의 적절한 조절과 충동적 요구의 자제가 필요하다고 보았다. 『명상록』의 저자 마르쿠스 아우렐리우스(Marcus Aurelius)는 자연과의 조화가 주는 즐거움을 추구했으며(Aurelius, 2018), 『행복한 삶에 관하여』의 저자인 루키우스 세네카(Lucius Seneca)는 지속 가능한 즐거움을 강조했다(Seneca, 2015).

스토아학파는 일시적 쾌락보다 지속적 만족을 추구하고, 외부 조건에 덜 의존하는 자신의 통제 범위 안의 즐거움을 강조했다. 공동체에 기여하고 타인과 공유하는 사회적 책임과 조화를 이루려는 특징이 있다고 볼 수 있다. 감정 조절의 중요성과 스트레스 관리, 웰빙을 위한 균형 잡힌 삶의 추구, 정신적 건강의 중요성 등을 중요하게 여겼다는 점에서 즐거움에 대한 스토아학파의 관점은 현대인이 봉착한 이슈에 대한 유효한 통찰을 제공해 준다.

즐거움과 재미 같은 엔터테인먼트를 대하는 태도는 중세와 근대에 이르러 극적으로 변화한다. 마치 롤러코스터를 타는 느낌이 든다. 5~15세기를 중세 시대라고 하는데 당시는 종교가 사회를 지배했으며 즐거움을 죄악시하는 경향이 있었다. 아우렐리우스 아우구스티누스(Aurelius Augustinus)는 영적 즐거움과 세속적 즐거움을 구분해 영적 기쁨의 우위성을 강조했고(Augustinus, 2023), 토마스 아퀴나스(Thomas Aquinas)는 즐거움의 위계질서를 설정해 절제된 즐거움의 가치만을 인정했다(Aquinas, 2021). 중세를 인간이 아닌 신 중심 시대이며 암흑의 시대라고 부르는데, 인간의 즐거움이 철저히 통제되었다는 점에서 근대 르네상스 시대가 도래하기까지 인간의 즐거움과 재미가 상실된 시대, 즉 엔터테인먼트 암흑시대라 불러도 괜찮을 것 같다. 안타까운 것은 1000여 년 동안 이 시대가 이어졌다는 점이다.

중세의 암흑을 거둬 낸 엔터테인먼트 르네상스

중세의 암흑을 거둬내는 데 결정적 계기는 엔터테인먼트 장르에서 출현했다. 출판의 대중화와 극장 문화의 부활이 대표적 사례다. 우선 15세기 중반 구텐베르크 인쇄술이 발명되면서 책의 대중화가 이뤄졌다. 독서 문화의 확산, 세속적 문학의 발달, 오락적 독서의 등장으로 재미와 즐거움을 추구하는 분위기가 사회적으로 확산했다. 다음으로 극장 문화의 부활이다. 세속적 예술이 부흥하고 셰익스피어 극장이 등장하는 등 극장은 인간의 즐거움과 재미의 공간이 되었다. 극장 문화의 부활은 르네상스 문화의 일부분이다. 조각, 예술, 건축 등 인간 생활의 전 영역에서 르네상스 인문주의가 확산했다. 르네상스 문화는 중세 신의 시대를 인간의 시대로 탈바꿈한 동력이자 결과였다. 그 뿌리는 즐거움과 재미를 향한 인간의 욕구였으며 그 열매는 인간의 자존감에 기반한 문화 예술의 발양이었다. 이 책에서는 엔터테인먼트 마케팅의 10가지 주제 중 공연 예술 마케팅과 출판 마케팅을 다루게 되는데, 이 두 사례의 역사적 근거가 바로 르네상스 문화다.

우리가 근대로 분류하는 16~19세기에 인간의 재미와 즐거움은 성숙 단계를 거치게 된다. 인간 한 사람 한 사람의 권리로서 즐거움이 인식되기 시작한 것이다. 16세기 종교 개혁의 문화적 영향으로 중세 시대에 부정적으로 인식했던 일상에서의 세속적 즐거움이 재평가되었다. 과학혁명과 계몽주의 시대인 17~18세기에는 이성적 오락이 발달하고 살롱 문화가 등장했으며, 커피 하우스 문화와 공공 극장의 확산이 이뤄지면서 주요 사상가가 개인을 위한 엔터테인먼트가 필요하다고 주창하게 된다. 예를 들어 미셸 몽테뉴(Michel Montaigne)는 일상적 즐거움의 가치를 강조하며 개인적 경험의 중요성을 설파했고(Montaigne, 2019), 블레즈 파스칼(Blaise Pascal)은 오락의 심리적 기능을 분석해 인간의 본질적 욕구로서 즐거움을 인정했다(Pascal, 2003). 최대 다수의 최대 행복이라는 공리주의적 관점을 도입한 제러미 벤담(Jeremy Bentham)은 사람이 누리는 즐거움의 사회적 가치를 부각했으며(Bentham, 2013), 존 밀(John Mill)은 한 걸음 더 나아가 즐거움을 질적으로 차별화해 고급 즐거움과 저급 즐거움으로 구분했다(Mill, 2020).

엔터테인먼트, 과학의 날개를 달다

20세기 이후 현대의 재미와 즐거움, 즉 엔터테인먼트에 대한 논의는 다원적인 과학적 연구로 확대되고 하나의 산업으로 발전하기에 이르렀다. 즐거움 원칙의 심리적 기제를 연구한 지크문트 프로이트(Sigmund Freud)는 무의식과 즐거움의 관계를 분석했으며(Freud, 1997), 에이브러햄 매슬로(Abraham Maslow)는 욕구 단계설에서 즐거움의 위치를 감안해 자아실현과 즐거움의 관계를 제시했다(Maslow, 1943). 또한 뇌 과학적 접근으로 재미와 즐거움에 대한 논의가 진행되었는데, 예를 들어 도파민과 즐거움의 관계 연구, 뇌의 보상 체계 메커니즘 분석 그리고 중독의 신경 생물학적 기초 연구 등이 있다.

현대의 개인적 · 사회적 · 산업적 가치를 확보한 즐거움과 재미에 대한 논의는 쟁점을 안은 채 AI 시대로 진입했다. 역사적으로 진화해 온 엔터테인먼트는 AI로 대표되는 기술 혁명을 맞이해 일찍이 경험해 보지 못한 몇 가지 쟁점을 낳았다. 예를 들어, 가상 현실(VR)이 심리적 영향을 주고 소셜 미디어가 하나의 즐거움 메커니즘으로서 기능하는 디지털 엔터테인먼트 이슈, 일과 삶의 균형에서 건강한 즐거움의 기준이 되는 웰빙과의 관계 설정, 글로벌화와 지역적 특수성이 공존하는 환경에서 문화별 즐거움의 차이 극복 문제, 그리고 환경적 영향과 사회적 형평성을 고려해 책임 있는 즐거움을 추구하는 윤리 확보 이슈 등이다.

AI 시대, 인간은 뭐 하지?

오늘 우리가 서 있는 현재, AI 시대에 인간의 재미와 즐거움은 어떻게 추구될 수 있을까? 5년 전쯤, 'AI가 일하는 세상에서 인간은 무엇을 하지? 무엇을 잘할 수 있지?'에 대해 지인들과 대화를 나누던 필자는 "노는 것 아닐까요?"라고 답한 적이 있다. "잘 노는 것이 인간의 경쟁력이 되는 세상이 되고 있죠. AI와의 경쟁에서 인간이 잘할 수 있는 것 그리고 인간에게 유익한 것은 즐겁게 지내는 것, 노는 것이 될 것 같아요"라고 부연 설명했다.

이 책은 인간이 역사적으로 오랫동안 추구해 온 재미와 즐거움, 즉 현존하는 엔터테인먼트의 실체를 들여다보면서 우리 앞에 펼쳐진 AI 시대에 인간이 행복하고 현명하게 엔터테인먼트를 소비하려면 어떻게 해야 할까에 초점을 맞췄다. AI 시대에 사람들은 즐거움과 재미를 어떻게 추구해 나갈까? AI 시대 엔터테인먼트는 어떤 방향으로 전개될까? 이 물음에 필자들은 다음과 같이 예측한다.

첫째, 인간 고유의 즐거움 영역이 강화될 것이다. 스포츠, 아웃도어, 수공예, 요리 체험 등을 통한 신체적 경험에서 즐거움을 찾거나 직접적 교류와 실제 공간에서의 만남 등 면대면 관계의 가치를 더 크게 여기는 것이다. 한마디로 AI가 대체하거나 개입하기 힘든 인간만의 즐거움 소스가 늘어나게 된다.

둘째, 의미 있는 여가를 추구하거나 웰빙을 즐거움으로 소비하는 현상이 많이 나타날 것이다. 사회 공헌 활동이나 환경 보호 참여, 문화유산 보존 활동 등과 같은 가치 중심 활동, 재능 나눔과 평생 학습 등 자기실현 활동 등은 의미 있는 여가 추구 행위다. 그리고 건강한 운동과 명상이나 문화 예술 감상과 독서 글쓰기 등은 웰빙 행위로 볼 수 있다.

셋째, AI와의 창의적 협력을 통해 우리는 학습과 성장의 재미와 즐거움을 느낄 것이다. AI 도구를 활용한 새로운 예술 형태를 실험하면서 개인의 창작 능력이 확장되어 엔터테인먼트 콘텐츠가 다양해질 것이다. 또한 AI의 조력을 받는 자기 계발이 광범위하게 진행되고 맞춤형 교육으로 지적 호기심을 충족하면서 사람들은 성장의 재미를 느끼게 된다.

넷째, AI와 상호 작용하는 새로운 재미와 즐거움이 새롭게 만들어져 보편화될 것이다. 온 · 오프라인 결합 활동이 빈번하고 증강 현실(AR)과 가상 현실을 활용한 실제 체험이 이뤄지고 물리적 · 디지털 융합 놀이 등 하이브리드형 경험이 일반화된다.

다섯째, 세대 간 공유할 수 있는 엔터테인먼트 콘텐츠가 풍부해질 것이다. 과거를 그대로 복원하거나 향수에 의존하는 경향이 강한 레트로(retro) 엔터테인먼트와 과거의 문화를 현대적으로 재해석한 뉴트로(newtro) 엔터테인먼트가 이미 트렌드가 되었다. AI가 가족 간 세대 통합 놀이, 가족 전통 만들기, 공동 취미 활동 그리고 추억 만들기 등의 재미와 즐거움을 촉진하는 데 도움을 준다. 또한 경험을 나누고, 문화와 가치관을 공유하는 세대 간 교류가 활발해진다.

마지막으로, AI 시대 엔터테인먼트는 지속 가능성을 강화할 것이다. 엔터테인먼트의 지속 가능성은 환경에 대한 책임과 공동체 의식으로 뒷받침된다. 환경을 고려하는 엔터테인먼트는 저탄소 여가 활동, 자원 재활용 놀이 그리고 환경 친화적 레저와 생태계 보호 활동과 관련된 가치를 중시한다. 공동체 의식은 엔터테인먼트의 사회적 책임을 실현하는 자양분인데 포용적 문화 활동과 윤리적 소비 등을 강조한다.

한국 엔터테인먼트의 저력과 비상

한국에서 엔터테인먼트, 즉 재미와 즐거움에 대한 역사적 논의는 뿌리가 깊다.

한국이 서구 문화를 접하기 전, 전통 시대 한국의 엔터테인먼트는 공동체적이고 민속적인 요소에 기반을 두었다. 대표적인 것이 농경 사회의 놀이 문화다. 정월대보름 놀이, 강강술래, 탈춤, 풍물놀이 등 전통 예술은 종교적 의식과 놀이의 결합으로 형성되었다. 조선 시대에는 판소리, 가면극, 줄타기 같은 공연 예술이 대중적 즐거움을 제공하는 엔터테인먼트였다. 판소리는 오락적 요소와 교육적 메시지를 함께 전달하는 그 시대의 즐거운 엔터테인먼트 중 하나였다. 그리고 사대부들은 시와 그림, 바둑 등 문학적 · 예술적 활동을 통해 즐거움을 추구했다.

19세기 말과 20세기 초, 한국이 서구 문화를 접하면서 전통적인 엔터테인먼트가 변하기 시작했다. 1902년 최초의 극장인 원각사(圓覺社)가 설립되어 연극과 전통 공연이 결합된 형태로 운영되었고, 1920년대부터 영화가 등장해 대중 엔터테인먼트의 새로운 축으로 자리를 잡았으며, 유행가와 재즈 등 서양 음악이 유입되면서 도시형 엔터테인먼트가 확산했다. 또한 도시에 유원지와 같은 새로운 엔터테인먼트 장소가 생겨났다.

1950년 6 · 25전쟁 이후 경제 개발 계획이 본격적으로 추진된 현대화 시기에는 라디오와 TV의 보급으로 대중적 엔터테인먼트가 급속히 성장했다. 라디오와 TV는 엔터테인먼트를 사람들의 일상과 떼려야 뗄 수 없게 만들었으며, 드라마, 예능 프로그램 등이 인기를 끌면서 한국적 콘텐츠가 개발되었다. 1990년대 이후 한국 영화는 세계적인 수준으로 성장하며 상업성과 예술성을 겸비한 작품들이 국내외에서 주목받기 시작했다. 대중음악도 1990년대부터 본격적으로 발전하면서 오늘날 K-팝의 원천이 되었다.

정보화에 성공한 한국은 21세기 들어 엔터테인먼트의 디지털 시대를 활짝 열었다. 유튜브, 넷플릭스, 웹툰 등 온라인 콘텐츠와 플랫폼의 등장으로 엔터테인먼트 콘텐츠 방식이 변화해 세계 시장과 직접 교감하게 되었다. 또한 한국은 세계적인 게임 강국으로 자리 잡았고, e스포츠는 젊은 세대의 주요 엔터테인먼트가 되었다. 한류 열풍과 함께 한국 엔터테인먼트는 글로벌 팬덤을 형성하며, 세계인에게 재미와 즐거움을 주면서 문화 외교의 중요한 역할을 하게 되었다.

이제 AI 시대를 맞은 한국 엔터테인먼트 산업은 글로벌 확장과 AI 활용의 기술 혁신이라는 두 엔진으로 비상할 것이다. 2024년은 K-엔터테인먼트의 글로벌 확장이 본격화되는 시기로 평가된다. 예를 들어 K-팝의 글로벌 스트리밍 점유율이 2023년 10%에서 2024년 18%로 증가할 것으로 보인다. BTS와 블랙핑크 등 슈퍼 IP(intellectual property: 지식 재산권)의 활동이 이를 견인하고 있다. AI를 활용한 기술 혁신은 엔터테인먼트 콘텐츠의 각본, 번역, 더빙 등 제작과 VFX(visual effects: 시각 효과) 및 딥페이크 등 후반 작업에서 활용되고 있다. 또한 게임과 음악에서도 AI는 창작과 상호 작용 기술을 혁신하고 있다.

엔터테인먼트 마케팅의 성장 이유

엔터테인먼트 산업과 관련한 마케팅 산업은 앞으로 어떻게 될까? 대부분의 사람은 다음의 몇 가지 이유로 엔터테인먼트 산업의 발전과 가능성에 긍정적인 기대를 하고 있다.

첫째, 새로운 매체의 등장 속에는 새로운 엔터테인먼트가 포함되어 있다. 우리는 이미 인터넷이라는 매체에 매우 익숙해져 있다. 국가나 시간의 경계에 얽매이지 않고, 누구와도 소통하고 다양한 콘텐츠를 원하는 만큼 즐길 수 있게 되었다. 매체를 통해 사람들과 소통하는 것은 하나의 놀이고, 하나의 엔터테인먼트다. 이미지를 만들고, 배경 음악을 넣는 것 자체가 엔터테인먼트인 것이다. 앞으로 매체는 지금보다 더 빠른 속도로 개발될 것이고, 이는 사람들에게 새로운 놀거리를 가져다주는 것이라 할 수 있다.

둘째, 엔터테인먼트 산업이 고부가 가치 산업이라는 것을 이미 여러 사례가 보여 주고 있다. 영국의 조앤 롤링(Joan Rowling)의 『해리 포터』는 책에서 영화로 확장되고, 관련한 굿즈들이 전 세계 마니아들 사이에서 큰 관심을 받고 있다. 미국 마블사는 코믹북에서 시작된 스토리를 영화화하는데, 그 영화 속 캐릭터 관련 상품들이 끊임없이 개발되어 판매되고 있다. 이러한 엔터테인먼트 산업이 매력적으로 평가받는 이유의 하나는 잘 만든 콘텐츠 하나가 회사를 오랫동안 안정적으로 유지될 수 있도록 하는 중요한 수익원이 될 수 있다는 것이다.

셋째, 인간의 엔터테인먼트에 대한 요구는 시간이 갈수록 더 강할 것이다. 인간은 원래 잘 만든 작품 또는 퍼포먼스를 좋아한다. 모차르트의 음악이 몇백 년이 지나서도 사랑을 받고, 다빈치의 그림을 보기 위해 전 세계 사람들이 미술관을 찾는 이유가 바로 이것이다. 미래 학사들은 AI 기술이 우리 생활에 빠르게 영향을 미치면서 사람들의 노동 시간이 획기적으로 줄어들 거라고 예측한다. 이는 여가 시간의 증가를 의미하고, 따라서 엔터테인먼트 아이템에 대한 소비는 더 늘어날 것이라고 예측할 수 있다.

엔터테인먼트 산업이 성장함에 따라 마케팅의 역할도 점점 더 중요해지고 있다.

첫째, 마케팅은 경쟁력 강화의 수단으로 작용한다. 엔터테인먼트 산업은 경쟁이 매우 치열한 분야기 때문에, 마케팅을 통해 각 콘텐츠가 지닌 고유한 매력과 가치를 부각해 경쟁 우위를 확보할 필요가 있다.

둘째, 수많은 콘텐츠 중에서 소비자의 선택을 받아야 하기 때문이다. 소비자의 관심을 끄는 데 그치지 않고 유지하기 위한 마케팅 전략은 단순히 홍보 단계가 아니라 콘텐츠 기획 초기부터 고려되어야 한다.

셋째, 브랜드의 존재감을 강화하는 측면이다. 콘텐츠 제작사는 마케팅을 통해 자사의 브랜드 인지도를 높이고, 이를 통해 소비자의 신뢰를 확보할 수 있다. 기존 마케팅 원칙에서 강조하는 '인지도가 높아지면 신뢰도도 높아진다'는 공식은 엔터테인먼트 분야에도 그대로 적용된다.

마지막으로, 마케팅은 새로운 시장을 개척하고 새로운 팬층을 확보하는 데 기여한다. 마케팅 전략을 통해 잠재적 소비자를 발굴하고, 기존 고객을 유지하면서도 새로운 수익원을 창출할 수 있다. 결국 엔터테인먼트 산업에서 마케팅은 콘텐츠의 가치를 세상에 알리고, 소비자의 호기심과 흥미를 자극해 시장에서 지속적으로 살아남으며 수익을 증대하는 데 핵심적인 역할을 수행한다.

책의 구성

이 책은 엔터테인먼트 마케팅을 10가지 키워드로 살펴본다. 게임 마케팅, 공연 예술 마케팅, 팝업 스토어 마케팅, 영화 마케팅, 푸드 마케팅, 스포츠 마케팅, 뷰티 패션 마케팅, OTT 마케팅, 출판 마케팅, K-팝 마케팅이다. 10가지 주제는 재미와 즐거움의 원천으로서의 엔터테인먼트의 매력적 측면, 산업적 측면, 재미와 즐거움에 대한 역사적 논의 측면, 그리고 소비자들과의 대화 속에서 얻은 감성적 측면 등을 종합적으로 고려해 선정했다. 각 장은 개별 엔터테인먼트의 개념 정리, 실천적 측면에서의 마케팅 포인트, 소비자들로부터 직접 들은 마케팅 포인트 순으로 기술했다.

프리드리히 니체(Friedrich Nietzsche)는 삶에서 즐거움을 느끼는 자만이 춤추듯 살아갈 수 있다고 했다. 이 책이 엔터테인먼트 마케팅에 관심이 있는 사람은 물론 삶을 즐겁고 재미있게 살고자 하는 사람들에게 도움이 되길 바란다.

참고문헌

Antoninus, M. A.(n.d.). *Ta eis heauton*. 박문재 옮김(2018). 『명상록: 철학자 황제가 전쟁터에서 자신에게 쓴 일기』. 현대지성.

Aquinas, T.(n.d.). *De ente et essentia*. 박승찬 옮김(2021). 『존재자와 본질』. 길.

Augustinus, A.(n.d.). *Confessiones*. 김병호 옮김(2023). 『고백록』. 집문당.

Bentham, J.(1823). *An Introduction to the Principles of Morals and Legislation.* 강준호 옮김(2013). 『도덕과 입법의 원칙에 대한 서론』. 아카넷.

Freud, S.(n.d.). 박찬부 옮김(1997). 『쾌락원칙을 넘어서』. 열린책들.

Huizinga, J.(1944). *Homo Ludens: A study of the play element in culture.* NY: Routeledge. 이종인 옮김(2010). 『호모 루덴스: 놀이하는 인간』. 연암서가.

Mill, J. S.(1863). *Utilitarianism.* 이종인 옮김(2020). 『공리주의』. 현대지성.

Montaigne, M. E.(n.d.). 안해린 옮김(2019). 『몽테뉴의 수상록』. 메이트북스.

Pascal, B(1670). *Pensees.* 이환 옮김(2003). 『팡세』. 민음사.

Seneca, L. A.(n.d.). 천병희 옮김(2015). 『세네카의 행복론』. 숲.

Maslow, A. H.(2016). *A theory of motivation.* Hawaii: Midwest Journal Press.

01

게임 마케팅

게임은 흥행에 성공해야 한다. 아무리 좋은 서사와 역동적인 플레이 구조를 가진 게임이라도 사용자들이 인지하지 못하거나 게임에 참여하고 싶지 않아하거나, 아이템을 구매하지 않으면 이는 실패로 연결될 수밖에 없다. 게임에서 마케팅은 게임 참여자 수를 빠르게 늘리는 데 효과가 있는 성공의 핵심 요소다.

게임

게임은 전 세계적으로 성장세를 보이고 있는 산업의 하나다. 세계 게임 시장 규모는 2022년 2495억5000만 달러로 평가되었으며, 2023년 2817억7000만 달러에서 2030년 6657억7000만 달러로 성장해 예측 기간(2023~2030년) 동안 연평균 성장률(compound annual growth rate: CAGR) 13.1%를 나타낼 것으로 예상되고 있다(포춘 비즈니스 인사이트, 2024). 2020년 전 세계를 덮친 코로나 팬데믹은 게임 산업 활성화의 견인차가 되었다. 사회적 거리 두기로 집에서의 생활이 늘어나면서 게임이 무료한 시간을 보내고 코로나의 두려움을 극복하는 데 유용한 아이템으로 기능한 것이다.

문화체육관광부와 한국콘텐츠진흥원이 발간한 『2023 대한민국 게임백서』에 따르면, 한국은 2022년을 기준으로 세계 게임 시장에서 7.8%의 점유율을 보이고 있는데, 미국(22.8%), 중국(22.4%), 일본(9.6%)에 이어 4위다(이효정, 2024).

첨단 테크놀로지 기술이 발전하면서 이 기술과 밀접하게 연관되어 있는 게임 산업도 상호 보완적으로 발전하고 있다. 게임 산업은 고성능 하드웨어와 소프트웨어의 개발과 발전이 필수적인데, 이 분야의 새로운 기술 개발을 이끌었고, 이 기술이 동시에 게임의 업그레이드에 중요한 역할을 하고 있다. 예를 들어, 고성능 GPU(그래픽 처리 장치)와 CPU(중앙 처리 장치)의 성능이 업그레이드됨에 따라 게임상에서의 그래픽이 향상되었다. 그래픽 성능에 대한 요구가 높아지면 관련 기술도 더 업그레이드되는 것이다(바이라인네트워크, 2021). 이러한 커뮤니케이션 네트워크 기술은 컴퓨터나 콘솔 게임기가 없이도 온라인 스트리밍상에서 게임을 할 수 있는 환경을 제공하고 있다.

게임 시장은 빠른 기술 발전과 증가하는 소비자 수요에 따라 운영 방식이나 스토리 등을 다양화하면서 치열한 경쟁 속에서 생존하기 위한 전략을 펼치고 있다. 게임사들 간 경쟁이 치열할 뿐만 아니라, 플랫폼과 비즈니스 수익 모델의 변화로 새로운 기회와 도전 과제가 생겼다. 이를 위해 독창적인 콘텐츠와 혁신적인 기술의 활용은 무엇보다 전략에서 우선시해야 할 고려 사항이다(데이터브릿지, 2022).

게임은 기획부터 유통까지 특정 국가를 한정하지 않고 전 세계 시장을 고려한다. 글로벌 시장을 겨냥한다는 것은 마케팅의 모든 활동이 세밀해져야 한다는 것을 의미한다. 예를 들어, 구글 플레이나 앱 스토어상에서 게임이 많이 다운로드되도록 하고자 한다면 검색 최적화 전략을 무엇보다도 중요하게 놓고 논의하고 관련 전략을 수립한다. 국가별로 현재 선호하는 키워드가 무엇인지를 찾아내야 하고, 이 키워드와 게임 브랜드 간의 연계성을 설정하는 것이 핵심이다. 또한 앱 마켓별 특성을 고려한 전략도 함께 이루어져야 한다.

게임은 흥행에 성공해야 한다. 아무리 좋은 서사와 역동적인 플레이를 할 수 있는 게임이라더라도 사용자들이 인지하지 못하거나 해당 게임에 참여하고 싶지 않아하거나 아이템을 구매하지 않으면 이는 실패로 연결될 수밖에 없다. 게임에서 마케팅은 게임 참여자 수를 빠르게 늘리는 데 효과가 있는 핵심 요소다. 비교적 젊은 층이 게임을 많이 이용하는 것을 감안한 소셜 미디어의 활용, 호기심을 끌어올린 상태에서의 사전 예약, 오피니언 리더라 할 수 있는 인플루언서와의 협업 등 다양한 전략을 활용해 게임 시장에서 경쟁력을 확보하기 위한 노력을 기울여야 한다.

게임을 즐기는 소비자의 심리

도파민과 아드레날린

게임을 즐기는 사람들의 심리를 논할 때면 최근 도파민과 아드레날린이 함께 언급된다. 도파민과 아드레날린은 게임을 할 때 분비되는 신경 전달 물질의 일종으로, 쾌감, 동기 부여, 흥분 등을 유발하는 것으로 알려져 있다. 일상에서도 도파민은 특정한 활동에 대한 보상, 동기 부여, 학습, 운동 조절 등 인간의 생활 전반에 걸쳐 중요한 역할을 수행한다(Schultz, 2007).

게임은 다양한 방식으로 도파민을 활성화한다. 우선 퀘스트(quest: 수행해야 하는 임무) 완료, 레벨 업, 아이템 획득과 같은 성취의 순간마다 도파민이 분비되어 쾌감과 성취감을 준다. 또한 랜덤 박스, 가챠 시스템(아이템을 무작위로 획득하는 방식) 등 랜덤 보상 시스템은 예측 불가능한 보상을 통해 기대감을 증폭하고 도파민 분비를 극대화한다. 이러한 메커니즘은 게임에 대한 몰입을 강화하는 중요한 요인이다(Koepp et al., 1998).

이와 유사하게 극도의 스트레스나 위협 상황에서 투쟁-도피 반응을 유발하는 호르몬이 아드레날린이다. 난이도가 높은 게임을 즐기는 동안 도전과 긴장이 연속적으로 이루어지기 때문에 이 순간 도파민과 아드레날린이 함께 분비된다(McGonigal, 2011).

최근에 많은 사용자의 관심을 받고 있는 게임의 특징은 도파민과 아드레날린을 분비할 수 있는 스토리와 플레이룰을 장착하고 있다는 것이다. 캐릭터, 배경 음악, 배경,

사용하는 핵심 아이템들도 이런 사용자들의 요구에 맞춰 기획되고 있다.

자이가르닉 효과

게임을 즐기는 소비자들의 심리를 설명하는 두 번째 이론으로 자이가르닉 효과를 들 수 있다. 자이가르닉 효과란 어떤 일을 완성하지 못한 채 중단했을 때의 기억이 완성한 일에 대한 기억보다 훨씬 오래간다는 이론이다(Pellegrini & Smith, 1998). 이 자이가르닉 효과는 게임을 반복적으로 즐기고 몰입하는 소비자들을 이해하는 데 유용하다. 예를 들어, RPG 게임(role-playing game)에서 퀘스트 진행 중 완수하지 못한 플레이어에 대해 참여자가 계속해서 게임을 이어 가도록 유도하고 또 참여자가 이에 응하는 이유를 이 자이가르닉 효과로 설명할 수 있다. 게임은 절대로 쉽게 목표를 달성할 수 있도록 설정되어 있지 않다. 여러 번 반복해야 달성할 수 있도록 설계되어 있다. 이용자는 목표했던 바를 달성하지 못했다는 기억을 계속 가지고 있게 되고 마침내 목표를 달성할 때까지 몰입해서 게임에 임하게 된다.

기획자들은 게임을 설계하는 단계에서부터 자이가르닉 효과를 어느 정도 활용해 게임 이용을 유도할 수 있을

지 전략적 논의를 활발히 하고 있다.

인간의 놀이 본능

놀이 본능은 인간이 특정 문제를 이해하고 해결하고 사회적 상호 작용을 하도록 지원하는 메커니즘이다. 인간은 놀이를 통해 여러 메커니즘을 이해하고, 룰을 인지하며, 생존 기술을 습득한다. 문제를 해결하는 놀이를 진행하면서 각각의 단계마다 어떻게 대응해야 할지를 고민하고, 실패와 성공을 거듭하며 일정한 경지에 오르게 되는 것이다 (Pellegrini & Smith, 1998). 게임은 놀이의 일종으로 고려되는데, 게임은 자발적으로 이루어지고, 즉각적인 즐거움과 보상을 주며, 또 게임을 통해 규칙을 익히기도 한다.

게임 마케팅 포인트

AI 활용의 보편화

현재 게임 영역에서는 AI 활용이 보편화되었다. 게임 기획에서부터 운영에 이르기까지 AI가 게임 산업 전반에 개입한다. 게임의 기획과 디자인에서도 AI가 활용되고 있다. AI가 고객의 패턴을 분석하며, 실제 게임도 메타버스나 가상 현실 등 AI로 플레이할 수 있도록 하고 있다.

'CES 2025'는 최근 미국에서 열린 세계 최대 IT · 전자 전시회(consumer electronics show)다. 여기서 크래프톤, 엔디비아와 협업한 AI 혁신 기술로 탄생한 게임 속 CPC(co-playable character)가 최초로 공개됐다. CPC는 게임 속 이용자와 대화하고 협력하며 사람처럼 상황을 인식하고 유연하게 대응하는 AI 기반의 차별화된 기술로, 이용자 경험을 확장하고 글로벌 게임 산업의 새로운 기준이 될 것이라 예측되고 있다(이한수, 2025). 게임에서의 AI의 활용은 게임을 더욱 생생하게 즐길 수 있도록 하고, 플레이의 영역을 다양화한다.

과거에는 게임을 하기 위해 친구들과 PC방을 찾았다면 최근에는 집에서 혼자 게임을 즐기는 유저들이 많아졌다. PC방에서는 옆에 앉아 있는 친구와 의논을 해 가며 전략을 세우고 공격을 하는 방식이었다면, 지금은 개인이 AI 캐릭터와 의논하고 스스로 고민해서 새로운 전략을 세울 수 있기 때문에 게임 능력을 업그레이드하는 데 AI 캐릭터 활용이 더욱 도움이 된다. 이런 변화는 본격적으로 AI가 게임 속으로 들어가면서 가능해진 일이다. 새로운 기술의 등장은 게임 시장의 변화를 빠르게 바꾸고 있다. 이에 변화의 방향과 속도를 파악해 선제적으로 자사의 게임 마케팅에 반영하는 것이 무엇보다 중요하다고 할 수 있다.

게임의 대서사화

게임은 탄탄한 스토리의 대서사화가 특징이다. 현재 게임 업계에서는 대서사의 구조로 게임을 만드는 이유가 게임이 애초 단순한 오락이 아니라 예술 표현의 한 장르기 때문이라고 보고 있다. 영화나 드라마는 엔터테인먼트에서 주요한 영역을 차지하며 영향력도 막강하다. 게임도 탄탄한 스토리라인과 정교한 세계관을 통해 깊은 공감을 불러일으킬 수 있다. 잘 만든 게임은 한 편의 드라마나 영화만큼의 인풋이 있다. 전체적인 게임의 배경 설명은 기본이고 각 캐릭터가 가지는 고유한 특성과 능력, 그리고 캐릭터만의 독특한 스토리에 충실해야 한다. 게임 속 세계관이 정교하게 기획될수록 게임에 대한 참여도와 몰입도가 높아진다.

최근에는 게임 분야에 AI 기술이 도입되면서 게임의 대서사화가 더욱 빠른 속도로 진화하고 있다. AI를 통한 스토리 생성 도구가 플레이어의 행동을 분석하고 이에 부합하는 동적인 스토리를 제공하며, 이를 통해 사용자들은 게임 속에서 더욱 풍부한 경험을 하게 된다(Jenkins, 2004).

아이템 구매 확장 전략

최근 게임에서 중요하게 여기는 것은 사용자가 게임을 좀 더 원활하게 진행하고 자신이 목표했던 수준을 달성하기 위해 유료 아이템을 쉽게 구매하도록 기회를 주는 것이다. 게임사 입장에서 아이템의 판매는 매출과 직결된다. 따라서 이 아이템 자체를 구매하고 싶게 만드는 것이 무엇보다 중요하다. 게임을 하는 동안만 사용 가능한 아이템은 게임에 깊게 몰입한 사용자일수록 구매할 확률이 높아진다고 할 수 있다.

관건은 아이템 구매 시점에 주저함 없이 꼭 필요한 아이템이라고 인식해 구매를 결정할 수 있어야 한다는 것이다. 이를 위해 특정 기한 내에만 아이템을 구매할 수 있게 하거나, 희귀 아이템으로 구매 욕구를 자극하기도 한다. 또 아이템을 모두 모으면 자신의 인스타그램 등에 자랑할 수 있도록 하는 아이템 컬렉션 시스템을 가동하기도 한다. 사용자에게 게임의 기본 기능을 체험하게 한 후 효과적으로 플레이하기 위해 추가로 아이템을 구매하고 싶게 유도하는 방법도 있다.

소비자 관점의 마케팅 포인트

게임 마케팅에 대한 소비자 대상 인터뷰에서 눈에 띄는 두 가지 포인트가 있었다. 게임을 즐기는 방법이 더욱 다양해졌다는 점과 게임의 아이템을 수집하는 콜렉터가 많아졌다는 점이다.

생생한 중계가 포함된 게임

최근 게임 사용자들의 특징은 야구나 축구를 중계방송으로 즐기듯 유튜브 등을 통해 게임 해설 방송을 즐겨 시청한다는 것이다. 마치 박물관에서 큐레이터의 설명을 듣는 것처럼 게임을 좀 더 효과적으로 즐기려는 것이다. 게임을 즐기는 사용자들은 게임을 치열한 전략이 필요한 전쟁과도 같은 것으로 인식하고 있다. 본인이 게임을 풀어 나가는 방식과 다른 사람들이 진행하는 방식 사이에 어떤 차이가 있는지를 파악하며 플레이하는 것이 승패를 결정하는 데 매우 중요한 요소라고 여긴다. 나보다 플레이를 잘하는 사람의 설명을 듣고 특정 퀘스트에서 어떤 전략을 구상하는 것이 가장 효과적인지를 참고하면서 지금보다 좀 더 나은 플레이를 하고 싶은 욕구를 가지고 있는 것이다.

게이머의 아이템 수집 심리

게이머들이 게임을 즐기는 이유의 하나가 아이템을 컬렉팅하기 위해서라는 것을 인터뷰를 통해 알 수 있었다. 게임 아이템은 현실에 존재하지 않고 실제 생활에서 활용이 불가능하기 때문에 이를 구매하는 것이 과연 합리적인 소비일까 의문을 품을 수 있다. 그러나 게임을 즐기는 사용자들에게 아이템은 실제로 다른 사용자와 거래가 가능할 뿐만 아니라 게임 커뮤니티 내에서 자신의 위치나 역량을 가늠해 볼 수 있기 때문에 중요한 것으로 인식되고 있다.

아이템을 어느 정도 컬렉팅 가능한지가 게임을 선택하는 매우 중요한 기준이 되기도 한다. 따라서 기획 단계에서부터 상황별, 캐릭터별, 시즌별로 아이템을 다양화하고 각각의 스토리를 개발하는 것이 매우 중요하다고 할 수 있다. 독특한 아이템일수록 유저 입장에서 대체할 수 있는 아이템이 없다는 인식이 크기 때문에 아이템에 대한 가격 탄력성이 낮게 나타나는 효과가 발생한다. 다시 말해 아이템의 가격이 올라가더라도 수요는 줄어들지 않는다.

게임 아이템은 단순한 게임 서비스가 아니라 게임 마케팅의 전략적인 핵심 콘텐츠다. 지금의 게임 마케팅은 소비자 분석을 중심으로 한 치밀한 아이디어가 다양하게 쏟아져 나오는 것이 특징이다. 이는 게임 산업 전반의 수익 구조뿐만 아니라 디지털 세상에서 소비자가 어떻게 구매를 결정하는지를 이해하는 중요한 키워드가 될 것이다.

참고문헌

데이터브릿지(2022). 글로벌 모바일 게임 시장 – 2029년까지의 산업

동향 및 예측,
https://www.databridgemarketresearch.com/ko/reports/%EA%B8%80%EB%A1%9C%EB%B2%8C-%EB%AA%A8%EB%B0%94%EC%9D%BC-%EA%B2%8C%EC%9E%84-%EC%8B%9C%EC%9E%A5

바이라인네트워크(2021.6.1). AMD, CPU·GPU 성능 모두 올려 게이밍 시장 공략한다, https://byline.network/2021/06/01-39

이한수(2025.1.5). 'CES 2025' 크래프톤-엔비디아, AI 캐릭터 'CPC' 최초 공개. ≪문화저널21≫, https://www.mhj21.com/164237

이효정(2024.3.12). 韓게임 글로벌 점유율 7.8%로 4위 유지…수출액·규모 증가. ≪경기신문≫, https://www.kgnews.co.kr/news/article.html?no=785218

포춘 비즈니스 인사이트(2024.12.16). 게임 시장 규모, 점유율 및 코로나19 영향 분석, https://www.fortunebusinessinsights.com/ko/gaming-market-105730

Jenkins, H.(2004). Game Design as Narrative Architecture. In N. Wardrip-Fruin & P. Harrigan(Eds.), *First person: New media as story, performance, and game*. MIT Press.

Koepp, M. J., et al.(1998). Evidence for striatal dopamine release during a video game. *Nature, 393*(6682), pp.266 – 268.

McGonigal, J.(2011). *Reality is broken: Why games make us better and how they can change the world*. Penguin Press.

Pellegrini, A. D. & Smith, P. K.(1998). The development of play during childhood: Forms and possible functions. *Child Psychology and Psychiatry Review, 3*(2), pp.51 – 57.

Schultz, W.(2007). Behavioral dopamine signals. *Trends in*

Neurosciences, 30(5), pp.203–210.
Zeigarnik, B.(1927). Über das Behalten von erledigten und unerledigten Handlungen. *Psychologische Forschung*, 9, pp.1–85.

02

공연 예술 마케팅

공연은 관객에게 예술적 감동이나 즐거움을 제공하는 활동 또는 이벤트다. 주로 많은 사람이 함께 즐길 수 있는 장소에 무대를 설치하고, 관객을 대상으로 음악, 연극, 무용, 콘서트, 마술 등의 다양한 형태로 공연한다. 공연은 엔터테이너가 자신이 구상한 작품이나 퍼포먼스를 관객과 공유하는 예술 활동이고, 관객들은 이를 감상하고 즐기는 체험을 하게 된다. 공연은 여러 형태와 장르로 구분되고, 각각의 공연은 고유한 특징과 매력을 지닌다.

공연 예술

공연은 예술적 퍼포먼스를 통해 관객들에게 즐거움을 주는 활동 또는 이벤트를 말한다. 특정한 장소에서 공연자와 관객이 모여 음악, 연극, 무용 등의 작품을 공유하는 것을 말한다. 즉, 공연은 엔터테이너가 자신이 구상한 작품이나 퍼포먼스를 관객들에게 보여 주는 일종의 공유 활동이고, 관객들은 이를 감상하고 즐기는 체험을 하게 된다. 공연은 여러 형태와 장르로 구분되고, 각각의 공연은 고유한 특징과 매력을 지닌다.

공연 예술 분야에서 마케팅의 역할은 매우 중요하다. 공연 예술이 퍼포머(performer: 퍼포먼스를 하는 사람)의 생생한 연기를 중요시하는 만큼 공연 예술 마케팅도 관객과의 생생한 커뮤니케이션이 중요하다. 작품의 전반적인 정보를 제공하는 것에 더해서 해당 작품을 관람하고 싶은 욕구를 불러일으켜야 한다. 공연 예술 분야는 같은 장르에 포함되는 작품끼리만 경쟁을 하는 것이 아니다. 크게 보면 여가 시간을 즐기고자 하는 관객들의 다양한 대안과 경쟁을 하는 것이다. 관객들은 공연 예술 분야의 작품을 볼 것인지, 영화를 관람할 것인지, 게임을 할 것인지를 결정하게 된다. 따라서 공연 예술 분야와 다른 장르를 차별화할 전략이 필요하다. 다른 엔터테인먼트 상품과 비교해

상대적으로 높은 비용을 감당해야 한다는 점을 감안해 다른 장르와의 차별화 전략을 함께 고려해야 한다.

현재 공연 예술 마케팅 영역에서 관심을 가져야 할 분야는 구독 경제의 활성화다. 구독 경제는 관객들이 좀 더 쉽게 공연물을 접할 수 있는 기회를 제공하고, 공연 주최사가 좀 더 안정적인 수익을 창출할 수 있게 해 준다. 디지털 플랫폼과 기술 융합을 통해 공연 예술 작품을 접할 수 있는 방법이 다양해졌다. 이에 공연 예술은 더욱 확장된 형태로 발전할 것이고, 이를 좀 더 많은 사람이 즐길 수 있도록 마케팅 활동도 구체화되어야 할 것이다.

공연 예술을 즐기는 소비자의 심리

노스탤지어와 과거 회상

공연을 즐기는 소비자들은 노스탤지어(nostalgia)와 과거 회상을 위해 소비를 한다. 공연에서 노스탤지어는 관객의 감정적 반응을 이끌어 내고, 작품에 대한 관심도, 관람 욕구, 관람 만족도와 몰입도 모두를 높이는 데 중요한 역할을 한다(전종우 외, 2016).

노스탤지어는 관객의 개인적 경험이나 특정 시절을 그리워하는 감정으로, 긍정적 반응을 유발하고 작품에 대한 몰입과 애착을 갖게 만든다.

내가 좋아하는 아이템의 세계관을 확장하고 싶다

공연 예술 작품을 즐기는 소비자들은 과거에 비해 많은 변화를 보인다. 과거 공연 예술 분야의 핵심 타깃은 20~30세대였다면, 현재의 마케팅에서 타깃의 앵글은 전 세대로 확장되고 있다.

10대 이하의 어린이를 대상으로 하는 다양한 작품이 기획되고 실제로 무대에 올려지고 있는 것이 그 예다. 애니메이션이나 책으로 스토리를 접한 아이들을 위해 스토리를 요약하거나 아예 새롭게 만들어 공연 작품을 무대에 올리는 것이다. 예를 들어, 많은 사랑을 받고 있는 애니메이션 〈뽀로로와 친구들〉이나 〈캐치! 티니핑〉에 새로운 스토리를 가미한 뮤지컬이 많은 호응을 받고 있다(김익태, 2023).

익숙한 작품에 대한 N차 관람

20~30대가 멀티플 N차 관람(동일한 작품을 2회 이상 보는 것)의 소비 패턴을 보이며 공연 예술 마케팅에서 중요한 타깃으로 고려되고 있다. 40대 이상의 소비자들 역시 자신들이 젊은 시절에 경험했던 작품들을 다시 관람하는

패턴을 보인다. 경제력이 뒷받침되는 이들 세대는 자신들에게 좀 더 익숙한 콘텐츠에 호감을 보인다.

공연 예술 작품을 선택하는 사람들은 축적된 지식에 따라 안목이 높아져 있을 뿐만 아니라 익숙함 속에서도 새로움을 찾는 소비 패턴을 보인다. 소비자들은 동일한 작품이라 하더라도 이전에 관람했던 공연과 어떤 부분에서 새로운가를 관심을 갖고 지켜보기 때문에 기획 단계에서 강조할 포인트를 구체적으로 설정하는 것이 매우 중요하다.

공연 예술의 마케팅 포인트

관객이 주인공이 된다

최근 공연 마케팅은 관객이 얼마나 해당 공연에 참여할 수 있느냐에 초점을 맞추고 있다. 몇 년 전부터 워터밤 콘서트가 젊은 층을 중심으로 선풍적인 인기를 끌었다. 워터밤 콘서트는 음악과 물을 테마로 하는 여름을 대표하는 페스티벌이다. K-팝을 비롯해 힙합과 EDM(electronic dance music: 클럽이나 페스티벌 같은 파티에 어울리는 전자 음악) 등 다양한 장르의 공연을 선보여 관객들이 대규모의 워터 파이팅을 할 수 있다. 워터밤 콘서트가 성공할 수 있었던 요인은 음악의 경계 없이 다양한 아티스트가 참여해 다채로운 음악을 선보인 데 있다(정혜인, 2023). 또한 관객이지만 관객이 아닌 아티스트와 물을 매개로 즐거운 경험을 할 수 있다는 점에서 관객이 주인공이 된 듯한 색다른 감동을 주는 공연으로 포지셔닝하고 있다.

또한 공연이 이루어지는 과정에서 관객이 함께 노래를 부르는 뮤지컬이나, 관객과 연기자가 공간을 달리하지 않고 같은 공간에서 이야기를 나누며 공연을 이어 가는 이머시브 연극(immersive theater), 관객이 탐정의 역할을 하며 이야기를 풀어 가는 추리연극(murder mystery theater) 등이 관객이 주인공이 되는 포맷의 공연 방식이라 할 수 있다(김주연, 2024). 이처럼 기존의 방식과 다르게 관객이 공연에 적극적으로 참여할 수 있는 방식은 관객들이 더욱 능동적으로 공연을 즐길 수 있는 기회를 제공할 수 있다는 점에서 의미가 크다.

같은 작품도 다른 연출로 다른 작품이 된다

공연 예술 분야는 관객들의 취향에 맞춰 스토리나 퍼포먼스 등이 변형되고, 퍼포먼스의 규모도 대형화되는 추세다. 예를 들어, 대형 뮤지컬은 광범위한 대중에게 인기를 끌어 수요가 높아지는 경향이 있다. 이미 관객의 선호도가 확인되었기 때문에 반복적으로 공연을 올리더라도 안정적인 수익을 확보할 수 있다는 장점이 있다. 이미 금전적인 수익을 확보한 상태에서 공연이 이루어지기 때문에 관객의 시선을 사로잡을 수 있는 화려하고 스펙터클한 공연이 가능해진다.

스토리의 큰 틀은 그대로 유지하더라도 시즌이 달라지면서 첨단 기술과 시각적인 효과가 더해지고, 더 풍부해진 음악과 춤으로 구성된 무대가 관객들에게 새로운 경험을 선사하며, 뮤지컬의 매력을 높이는 요인이 되고 있다. 동일한 작품이라도 등장인물의 변화나 시각적 구성의 변화 등이 재관람 욕구를 높일 수 있다. 이로 인해 투자와 후원이 늘어나면서 대형 뮤지컬의 제작과 공연이 좀 더 활발해질 수 있다.

예를 들어, 뮤지컬 〈노트르담 드 파리〉의 경우, 오리지널 작품이 내한 공연할 수도 있고, 한국어로 공연할 수도 있다. 프랑스 버전 〈노트르담 드 파리〉는 작품의 대부분이 노래로만 구성되고 대사가 없는 성스루(sung-through) 방식으로 공연되기도 한다(윤영서, 2023).

이미 관객들의 관심을 받고 성공을 거둔 작품을 다시 무대에 올리는 일이 공연 예술계에서는 빈번하게 이루어진다. 어떤 시즌에 어떤 방식으로 무대에 올리는가에 따라 관객들의 관심이 달라진다. 지금의 관객은 과거의 관객과는 다른 특성을 가지고 있다. 과거에는 공연 예술 관련 기사나 전문가들의 평을 보고 공연을 선택하고 즐기는 것으로 끝났다면, 지금의 관객들은 능동적으로 공연을 탐색하고, 관람 후의 이야기를 여러 유형의 SNS를 통해 다른 사람들과 공유한다. 특히 다른 사람의 SNS와 차별화하기 위해 동일한 관람평이나 비슷한 패턴의 분석을 지양하고자 한다. 자연스럽게 공연의 상세한 부분까지 살펴보고 이를 평가하기 때문에 동일한 작품이라도 표현 방식 등에서 확실한 특성이 관객들에게 포착되도록 해야 한다. 따라서 공연 예술 마케터가 관객들의 취향과 선호를 객관적으로 분석하는 것이 공연의 흥행에 매우 중요하다고 할 수 있다.

첨단 기술로 무장한 볼거리

예술적인 공연에 첨단 기술을 접목해 관객들의 눈과 귀를 사로잡는 새로운 아이템이 속속 무대에 올라오고 있는 것도 눈여겨볼 포인트다. 대표적인 예로 홀로그램 기술을 이용한 연극이나 뮤지컬 등의 공연을 들 수 있다. 홀로그램 기술은 빛의 반사, 굴절, 간섭 등을 이용해 특정한 공간에 입체적인 이미지를 투영해 내는 방식이다. 실제로는 평면의 공간이지만 물체가 존재하는 것처럼 현실적인 이미지를 제공한다(정회경 · 오창희, 2014).

공연을 좀 더 생동감 있게 즐길 수 있게 하는 이런 장치의 변화가 N차 관람을 유도한다. 재관람 공연에서 이전 공연에서 발견하지 못한 기술적 차이점을 파악하는 것도 관객에게 또 다른 즐거움을 주기 때문이다.

소비자 관점의 마케팅 포인트

소비자를 대상으로 공연 예술에 관한 인터뷰를 했을 때 눈에 띄는 핵심 포인트는 두 가지였다. 바로 공연 예술 작품에 대한 장벽과 엔터테인먼트 속의 엔터테인먼트라는 표현이다.

공연 예술 작품 관람의 장벽

인터뷰에 응한 응답자 가운데 공연 예술 작품에 경제적 장벽 또는 심리적 장벽을 느끼고 있다고 응답한 사례가 많다. 뮤지컬이나 오페라 등의 공연을 자주 보러 가지 못한다고 응답했는데, 가장 큰 이유는 관람료의 부담이다. 관객들이 선택할 수 있는 가격대를 다양화하는 한편 정교한 마케팅 활동이 필요함을 보여 주는 인터뷰였다.

또한 영화나 드라마와 달리 공연은 아무 부담 없이 즐길 수 있는 놀이 문화는 아니라는 인식도 있었다. 가격 부담뿐만 아니라 기본적으로 작품의 이야기 서사를 잘 이해하지 못하는 것이 공연을 즐기기 어려운 또 다른 이유였다. 예를 들어, 발레 공연은 동작 하나하나가 대사라는데 그걸 이해하지 못하니 공연 내내 집중하기가 어려웠다는 것이다. 오페라 작품은 자막이 없으면 아리아를 이해하지 못하기 때문에 재관람의 의욕이 많이 줄어든다고 한다. 미술관에서 관람객을 상대로 도슨트 프로그램을 운영하는 것처럼 공연도 문턱을 낮추기 위한 프로그램을 준비해 좀 더 많은 소비자가 공연 예술을 즐길 수 있도록 해야 할 것이다.

공연은 엔터테인먼트 속의 엔터테인먼트

공연 예술 작품에 대해 '여행이란 엔터테인먼트 속의 공연'을 즐기는 것이라는 응답도 있었다. 좋아하는 공연을 보러 해외여행을 가거나, 처음부터 공연 예술 작품을 관람할 수 있도록 해외여행 코스를 짜서 예매를 하는 경우도 있다고 한다. 관광이라는 엔터테인먼트와 공연 예술이라는 엔터테인먼트를 한 묶음처럼 활용하는 것이라 할 수 있다.

다른 엔터테인먼트처럼 공연 예술도 지역의 한계가 없어졌다. 마케팅 차원에서 수익이 증가할 수 있는 포인트이기도 하고 타깃에 대한 좀 더 정교한 분석과 설정이 필요한 포인트이기도 하다.

참고문헌

김익태(2023.5.13). [유통정보통] 요즘 이 캐릭터가 대세… '티니핑'에 빠진 유통가. ≪서울와이어≫, https://www.seoulwire.com/news/articleView.html?idxno=502055

김주연(2024). 범인은 관객의 손안에 있다. ≪주간경향≫, https://weekly.khan.co.kr/khnm.html?mode=view&code=116&artid=202005221440211&pt=nv

윤영서(2023.11.17). [Review] 디스 이즈 어 뮤지컬. ≪아트인사이트≫, https://www.artinsight.co.kr/news/view.php?no=67685

전종우 · 김연주 · 이종윤(2016). 복고 드라마의 노스탤지어가 드라마 만족에 미치는 영향. ≪미디어와 공연 예술≫, 11(2), 9-30쪽.

정혜인(2023.7.13). 젊은 층의 트렌드 "워터밤", 더운 일상으로부터의 탈출. ≪시선뉴스≫, https://www.sisunnews.co.kr/news/articleView.html?idxno=186621

정회경 · 오창희(2014). 『실감 미디어』. 커뮤니케이션북스.

03

팝업 스토어 마케팅

팝업 스토어는 일정 기간만 운영하는 한시적 매장이다. 소비자들이 늘 방문할 수 있는 매장이 아니라는 점에서 시간의 제한성이 있고, 구매할 수 있는 아이템도 한정적이기 때문에 많은 각광을 받고 있다. 독특한 매장 인테리어와 다양한 이벤트를 체험할 수 있기 때문에 사람들에게 새로운 즐길 거리로 급부상하고 있다.

팝업 스토어

코로나19로 사회적 거리 두기가 장기간 이어지면서 소비자들이 오프라인 매장보다는 온라인에서 주로 쇼핑을 하게 되었다. 이후 사회적 거리 두기가 완화되면서 실제로 브랜드를 직접 만져 보고 사용해 보는 체험의 기회를 늘리고자 하는 소비자들이 늘었다. 이들의 요구에 제대로 반응한 것이 팝업 스토어라 할 수 있다.

유동 인구가 많은 강남이나 성수동, 홍대, 여의도 등을 중심으로 팝업 스토어가 연일 흥행 돌풍을 이어 가고 있다. 독특한 아이템과 아이디어로 중무장한 팝업 스토어는 기업에게는 고객을 만나는 IBC(integrated brand communication: 통합적 브랜드 커뮤니케이션)의 최접점이 된다. 새로운 제품을 고객에게 소개하고, 기존의 인지도를 끌어올리며, 브랜드에 새로운 이미지를 심어 주는 역할을 수행한다. 또한 팝업 스토어는 오프라인 매장의 역할에 그치는 것이 아니라 브랜드가 운영하는 SNS 등 온라인 미디어의 접속으로까지 이어지게 하므로 브랜드와 소비자의 긍정적 관계 형성에 도움이 되는 마케팅 방법이다.

팝업 스토어가 고객과의 커뮤니케이션을 원활하게 하는 효과가 있는 것으로 보고되면서 많은 기업이 팝업 스토어에 관심을 가지게 되었다. 예를 들어, 더현대 서울에서 운영한 '푸바오 팝업 스토어'는 오픈 13일 동안 10억 원의 매출을 기록하기도 했다. 굿즈를 구매한 소비자와 포토 스폿을 이용한 방문자가 2만 명이나 되는 것으로 알려졌다. 중국으로 돌아가는 푸바오에 대한 아쉬움을 팝업 스토어에 담았는데, 팝업 스토어를 방문한 고객들은 판다 방사장 분위기의 평상과 벤치로 조성된 포토 존에서 사진을 찍고 관련 굿즈와 도서 등을 적극적으로 구매했다(유효송, 2023).

이렇듯 성공한 팝업 스토어의 사례를 보면, 현재 사람들이 가장 관심 있어 하는 아이템이 무엇이고, 이를 어떻게 팝업 스토어에 독특하게 담아내는가가 팝업 스토어 설계와 운영의 핵심임을 알 수 있다.

팝업 스토어를 방문하는 소비자의 심리

인간의 끝없는 호기심

우리의 삶은 계속해서 발전을 거듭하고 있다. 이 발전의 근원은 끊임없이 새로운 지식을 탐구하고 이 지식을 경험으로 축적하고자 하는 인간의 호기심이다. 호기심은 새로운 것을 탐험하고 이해하려는 매우 중요한 인간의 본성이다. 팝업 스토어는 기존에 보지 못했던 새로운 아이템에 대한 인간의 호기심을 자극하기 때문에 각광받고 있는 것이다. 따라서 팝업 스토어를 성공적으로 운영하기 위해서는 소비자들의 호기심을 자극할 수 있는 엔터테인먼트적 마케팅 요소가 필수적이라 할 수 있다.

독특함을 통한 자아실현

팝업 스토어는 한시적으로 독특한 아이템을 선보이는 방식으로 운영된다. 소비자들은 기존의 매장에서 볼 수 없던 한정판이나 팝업 전용 브랜드 등을 만나는 새로운 경험을 한다. 이런 새로움과 독특함에 호기심을 느끼고, 새로운 경험을 즐기기 위해 팝업 스토어를 방문하게 된다.

인간은 자신만의 독특한 경험을 통해 자아를 실현하고 싶어 한다. 팝업 스토어는 이런 개인의 독특한 취향이나 관심사를 표현하고, 다른 사람과 차별된 모습을 확인하고자 하는 욕구를 충족해 주는 공간이다.

다른 세대와는 다른 공유의 정신

요즘 MZ 세대는 최신 유행에 민감하고 자신이 속한 또래 집단의 관심사에 자신도 관심을 보이는 특성이 있다. 또한 자신의 관심사를 타인과 공유하고자 한다(한주형 · 김진옥, 2021). 이렇게 경험을 공유함으로써 자신이 독특한 문화를 잘 선별하고 이를 향유하고 있으며 잘 지내고 있음을 타인에게 인정받고 싶어 하는 욕구가 팝업 스토어 방문자의 특성 중 하나일 것이다.

팝업 스토어의 마케팅 포인트

팝업 운영의 궁극적인 목표를 정한다

팝업 스토어는 어떤 목표를 가지고 운영할지를 명확히 설정해야 한다. 방문자 수별로 팝업 스토어의 투입 비용을 먼저 산출하고, 방문자 수 증가, 예약자 수, 포스트의 수, 임프레션(impression: 노출 수), 팔로워 수, 공유, 클릭률 등을 중심으로 목표 지수를 명확히 설정해야 한다(조명광, 2023).

오픈 일정을 중심으로 평균 방문자 수를 설정한다. 방문자들의 참여가 필요한 팝업의 경우에는 팝업 오픈 전에 홍보를 통해 사전 예약을 받을 수 있다. 예를 들어, 젊은 세대가 좋아하는 방 탈출 게임을 팝업 스토어에 접목한 경우는 1회 참여 인원의 수를 설정하고, 사전 신청을 받는다. 또한 매장 내 포스터에 설치한 QR 코드를 활용해 소셜 미디어나 홈페이지 등의 방문율을 높이는 등 목표를 구체화할 수 있다.

사전 조사가 성패를 좌우한다

팝업 스토어 운영에서 핵심은 사전 조사를 철저히 하는 것이다. 한 지역 내에서도 워낙 많은 팝업 스토어가 운영되기 때문에 팝업 스토어를 만드는 것만으로 좋은 결과가 나오리라는 환상을 가지면 안 된다.

소비자 입장에서도 한정된 시간에 여러 곳을 방문하는 것은 힘든 일이다. 관심이 가는 아이템 위주의 팝업을 중심으로 방문하기 때문에, 팝업 스토어 설치 전에 예정 지역의 수요와 경쟁 팝업 스토어에 대한 사전 조사를 철저하게 시행해야 한다. 하루 유동 인구, 주변 상권, 경쟁 팝업 스토어들의 상태 등을 중심으로 객관적으로 분석해야 한다.

기본적으로 사람들이 많이 모이는 장소에 팝업 스토어를 열기 때문에 임대료 또한 만만치 않다. 그러므로 공간 구성에 특별히 신경을 써야 한다. 불필요한 동선이 없어야 하고, 좁은 공간을 효율적으로 활용할 수 있도록 아이디어를 짜내야 한다. 팝업 스토어를 운영할 특정한 장소를 정했다면, 과거부터 현재까지 그 장소에서 팝업 스토어가 어떠한 동선으로 운영되었는지를 철저하게 분석할 필요가 있다.

독특한 경험을 제공할 수 있는 곳

팝업 스토어가 넘쳐나고 있는 상황에서 팝업 스토어를 통해 마케팅의 목표를 달성하고자 한다면 방문자들에게 잊지 못할 특별한 경험을 제공해야 한다. 또한 다른 사람들에게 경험을 공유하고 싶게 만들 독특한 체험 요소를 갖추어야 한다.

따라서 목표와 운영 방식에 대한 심도 있는 논의 없이 팝업 스토어를 운영하는 것은 큰 의미가 없다. 한마디로 '힙'한 팝업 스토어가 되어야 한다. 이 시대의 사람들이 힙하다고 하는 것은 유행에 뒤처지지 않을 뿐만 아니라 다른 것들과 비교해서 독보적으로 특이해야 하고 날것 그대로의 생생한 매력을 지니고 있어야 한다(조명광, 2023).

독특한 경험을 제공하기 위한 하나의 방법은 다른 브랜드와의 대담한 컬래버레이션이다. 다른 브랜드와 협업함으로써 자사 브랜드의 약점을 메울 수 있다. 그러나 컬래버레이션 팝업 스토어가 무조건적으로 자사 브랜드에 유리하게 작용하는 것은 아니다. 오히려 상대 브랜드가 주목을 받고 자사 브랜드는 서브 브랜드로 비칠 수도 있음을 감안해야 한다. 따라서 이런 컬래버레이션을 진행할 때는 명확한 업무 협약이 이루어져야 한다. 적절한 파트너를 선정해 서로가 팝업 스토어의 효과를 볼 수 있는 방법을 끊임없이 논의하고 고민해야 한다.

소비자 관점의 마케팅 포인트

팝업 스토어에 대한 소비자 인터뷰를 진행했을 때 '0차 문화로서의 팝업 스토어'와, '홍보 느낌이 나지 않는 팝업 스토어'에 대한 언급이 눈에 띄었다.

알찬 0차 문화로서의 팝업 스토어

팝업 스토어 방문자를 대상으로 진행한 인터뷰에서, 이들이 언급한 용어가 '0차 문화'였다. 소비자는 팝업 스토어를 방문하기 위해 일부러 일정을 잡지는 않는다고 한다. 그런데 인스타그램 등에서 맛집으로 소문난 음식점을 찾아가면 웨이팅이 매우 긴 경우가 있는데, 이럴 때 웨이팅을 걸어 놓고 주변의 팝업 스토어를 찾아가서 무료한 시간을 보내는 것이다. 밥을 먹기 위한 목적이 1차라면 팝업 스토어를 찾는 것은 1차를 시작하기 전의 0차라는 의미다.

결국 소비자들은 0차를 위한 시간도 소중하게 보내고 싶은 욕구가 있는 것이다. 이러한 소비문화는 특히 젊은 층이 가지는 합리적 소비 특성을 설명할 때 많이 부각된다(이승주, 2024). 이들은 무작정 기다리는 것보다 주변의 핫한 팝업 스토어가 있으면 미리 사전 예약을 하고 간다.

카메라에 담을 수 있고 기억에도 남을 만한 재미있는 팝업 스토어를 체험하고 식사를 하러 가는 코스는 시간을 알차게 보내는 방법 중의 하나라며 만족해하고 있었다.

이런 인터뷰에서 얻을 수 있는 힌트는 핫 플레이스 옆에 팝업 스토어를 설치하는 게 필수라는 것이다. 관심이 있어 일부러 방문하는 소비자도 있지만, 핫 플레이스 웨이팅 시간을 때우기 위한 목적으로 팝업 스토어 방문을 고려하는 소비자를 감안한다면 팝업 스토어를 설치하기 전에 장소 섭외가 무엇보다 중요함을 알 수 있다.

홍보 느낌이 없는 팝업 스토어 선호

소비자 인터뷰가 보여 주는 것은 모든 팝업 스토어가 흥미를 끄는 것은 아니라는 사실이다. 팝업 스토어 몇 군데를 돌아다니다 보면 팝업을 위한 팝업이 많다는 걸 느낀다고 한다. 한마디로 재미가 없다는 것이다. 단순히 제품을 홍보하는 듯한 느낌을 주는 팝업은 오래 머물고 싶지 않다고 한다.

반면, 아티스트의 작품이나 퍼포먼스 등 특별한 체험 요소가 결합된 팝업 스토어는 재미와 몰입감을 제공해 긍정적인 평가를 받았다. 유명한 아티스트가 아니더라도 새로운 작품을 보면서 자연스럽게 갤러리에 온 듯한 느낌을 주는 팝업이 감각적이라는 느낌이 든다고 설명한다. 이름이 알려진 아티스트의 작품이 아니더라도 메시지를 한 가지라도 접할 수 있으면 팝업 스토어 방문의 목적을 달성한 것이라고 한다. 최대한 홍보 느낌을 걷어 내고 소비자들이 온전히 즐길 수 있는 아이템으로 꾸미는 팝업 스토어가 많은 소비자의 사랑을 받을 수 있다.

고객과의 최접점에 있는 팝업 스토어는 홍보의 의도가 노골적으로 드러나지 않으면서도 기존의 일반 매장과는 확연히 다른 팝업 스토어만의 독특한 스토리가 있어야 한다. 이 부분이 팝업 스토어를 기획하고 운영하는 데 가장 힘든 부분이라고 할 수 있다. 평범한 스토리와 진부한 아이템의 팝업 스토어는 소비자들의 눈길을 사로잡기 힘들다. 팝업 스토어 방문자들이 자신의 시간을 내어 방문을 하고 SNS에 올리고 싶게끔 매장이 기획되어야 한다. 확실한 차별화와 독특함이 있어야 한다. 방문자들이 팝업 스토어를 방문해 준비된 게임을 하고, 경품 행사에 참여하며, 다양한 제품을 써 보고, 사진을 찍어 SNS에 올리는 경험이 특별하고 의미 있는 것으로 인식되어야 한다.

예를 들어, 미닝 아웃(meaning out: 소비 행위를 통해 개인의 신념과 가치관을 적극적으로 드러내는 일)을 자극하는 팝업 스토어를 생각할 수 있다. 소비자들은 단순히 물건을 사는 데서 그치지 않고, 자신의 철학과 가치관에 부합하는 브랜드와 제품을 선택하려는 성향을 보인다. 이를 이른바 '미닝 아웃 소비'라 하며, 자신이 옳다고 믿고, 사회적으로 긍정적이라고 생각하는 기업이나 상점을 일부러 찾아가 제품을 구매하는 '착한 소비'의 형태로 나타난다. 이런 목적을 가진 팝업 스토어라면, 단순히 화려한 마케팅 요소로 채워지는 것이 아니라, 스토리 자체가 소비자에게 '착하다'는 인상을 줄 수 있어야 한다. 즉, 팝업 스토어는 지속 가능성, 윤리적 생산, 환경 보호 등 사회적 가치를 진지하게 고민하고, 그 고민이 공간과 상품, 전시, 메시지 곳곳에 스며들어 있어야 한다. 그래야만 소비자들이 진심으로 공감하고 참여할 수 있는 의미 있는 공간으로 자리 잡을 수 있다.

참고문헌

유효송(2023.11.23). 대박난 '푸바오 굿'' 단 13일만에 매출 10억…더현대 팝업 종료. ≪머니투데이≫, https://news.mt.co.kr/mtview.php?no=2023112310470237940

이승주(2024.6.21). 캐치테이블 웨이팅 서비스…2030세대 '0차 문화' 이끈다. ≪뉴시스≫, https://www.newsis.com/view/NISX20240620_0002780903

조명광(2023). 잘 팔리는 팝업 스토어의 19가지 법칙. 포르체.

한주형 · 김진옥(2021). 소셜 미디어 여행정보 공유 동기가 행동에 미치는 영향관계에서 MZ 세대의 조절효과 분석. ≪관광레저연구≫, 33(7), 181-200쪽.

04

영화 마케팅

영화는 다른 엔터테인먼트에 비해 단기간에 소비가 이루어지는 특성을 가지고 있다. 즉, 제품 수명 주기가 매우 짧다. 대부분의 영화가 수요일에 개봉하고 그 주 주말까지의 실적이 이후의 실적에 영향을 미칠 정도로 매우 짧은 기간에 성패가 결정된다. 따라서 영화 흥행을 위한 마케팅 기획은 좀 더 치밀해야 한다.

영화

영화는 1895년 뤼미에르(Lumière) 형제가 프랑스 파리의 한 카페에서 〈열차의 도착〉이라는 50초짜리 영화를 상영한 것을 시작으로 우리의 삶에 매우 깊은 영향을 미치는 엔터테인먼트 문화로 자리매김해 왔다(윤슬, 2023). 대중문화의 상징이기도 한 영화가 가지는 사회적 · 문화적 의미는 매우 크다. 영화에서 다루는 소재는 무척 다양하다. 역사, 액션, SF, 코미디 등 인간이 상상할 수 있는 선을 넘어 다양한 주제와 스토리로 두 시간가량 관객의 눈과 마음을 사로잡는다.

그러나 모든 영화를 관객이 소비하지는 않는다. 영화는 고관여의 제품 범주에 속한다. 영화를 선택하기 이전에 소비자들은 다양한 경로로 영화에 대한 정보를 습득하는데, 타인의 평점 등도 영화 선택에 영향을 미친다.

따라서 영화에 관한 정보를 빠르고 편하게 탐색할 수 있어야 한다. 또한 소비자들 사이에서 긍정적인 입소문이 날 수 있도록 하는 것이 영화 마케팅에서는 가장 중요하다고 할 수 있다. 현재 소비자들이 영화에 대한 언급을 어느 채널을 통해 가장 많이 하고 있는가를 살피는 것은 영화 마케팅에서 중요한 분석이 될 것이다.

이런 맥락에서 디지털 미디어는 영화 마케팅에서 중요

한 채널로 활용된다. 소셜 미디어를 포함한 디지털 미디어는 영화의 주 소비층인 젊은 층이 보편적으로 활용하는 미디어인데, 이 미디어에서 언급한 내용은 빠르게 확산하는 특성을 보인다. 이에 영화 마케팅은 이러한 디지털 미디어를 얼마나 적극적으로 활용할 수 있는가를 전략적으로 고민해야 한다.

영화는 단기간에 모든 마케팅 전략과 집행이 이루어지는 선택과 집중의 비즈니스라고 할 수 있다. 또한 트렌드에 민감한 소비자들의 관심을 끌고 실제 관람으로 유도해야 하기 때문에 가장 최신의 핫한 아이디어가 접목되지 않으면 생존하기 힘든 특성도 가지고 있다.

잘 만들어진 영화는 많은 부가 가치를 낳을 수 있지만, 그만큼의 위험도 따르기 때문에 치밀한 마케팅 홍보 전략의 수립은 매우 중요하다. 탄탄한 스토리의 힘을 좀 더 관객들에게 부각하기 위해 다른 브랜드와 컬래버레이션을 하거나 인플루언서를 활용한 마케팅, 최첨단 가상 현실(VR)이나 증강 현실(AR)을 통한 고객의 경험 창출 등의 전략을 매우 적극적으로 활용할 필요가 있다.

최근 소비자들은 영화를 보는 것도 중요하지만, 영화를 보는 과정 자체도 매우 중요하다고 인식하고 있다. 영화사들은 캐스팅 순간부터 상영에 이르기까지 모든 과정을 홍보의 주제로 삼고 있다. 영화의 주변적인 요인도 영화 관람에서 중요한 요인이 된다. 영화를 관람하면서 먹는 음식도 영화 관람 행위에 포함된다. 조금 특이하거나 지금의 영화와 연관성을 가지는 굿즈 형태의 푸드가 최근 소비자들에게 많은 관심을 받고 있다.

영화를 관람하는 소비자의 심리

자신을 이해하는 통로

영화를 통해 우리는 자신을 이해하고, 타인과 소통하며, 세상을 배우기도 한다. 영화는 우리가 경험할 수 있는 범위를 넘어선 다양한 문화를 간접 경험하게 하고, 재현된 역사의 현장을 통해 과거의 시대상을 살펴볼 수 있게 하며, 사회 문제에 대한 인식을 높여 준다.

영화를 통한 대리 만족

영화나 드라마를 소비하는 소비자들은 대리 만족을 경험하게 된다. 주인공이 어려움을 극복하고 성공하고, 사회의 악과 맞서 싸워 이들을 응징하는 장면을 보면서 직접 경험하기 어려운 삶을 체험하고 이를 통해 대리 만족을 하게 되는 것이다. 또한 영화를 보며 감정을 정화하고 심리적 안정을 찾게 된다. 슬픈 영화를 보며 주인공의 상황에 공감하며 눈물을 흘리거나 같이 분노하는 과정을 통해 타인에 대한 이해를 높이면서 스트레스를 해소하며 감정을 정화하고 심리적 안정감을 찾게 된다.

세상을 바라보는 또 다른 통로

영화를 보면서 다양한 시대상을 이해하고, 이 과정에서 지식을 얻고 세상을 보는 새로운 시각을 얻기도 한다. 시대, 국가, 문화를 다양하게 넘나들면서 내가 아닌 다른 사람들의 삶을 엿볼 수 있고, 가치관을 새롭게 형성할 수 있다. 역사적 사건을 배경으로 한 영화를 보면서 과거를 배울 수 있고, 현재 우리가 살고 있는 시대를 이해하고 사회 문제를 성찰하고 논의하는 기회를 얻을 수 있다. 사회적 이슈에 대한 인식을 고취하고 사회 변화를 위한 논의의 촉발제 역할을 우리는 영화에 기대하기도 한다.

영화의 마케팅 포인트

영화에 대한 기대감을 높일 수 있는 바이럴 마케팅

영화 흥행을 위한 마케팅 활동은 홍보와 결합된 '마케팅 홍보'의 형태로 이루어진다. 영화가 흥행하려면 개봉 전부터 소비자들이 관심을 갖는 게 중요하다. 또 영화의 특성상 단기간에 흥행 성과가 나타나기 때문에 집약적인 마케팅 홍보 전략이 필요하다. 마케팅의 목표와 다양한 채널을 활용한 홍보 활동이 결합해 이루어지는 마케팅 홍보의 특성상 영화의 주 소비층을 찾고, 이들이 활용하는 매체를 통해 관심도를 높이고 입소문을 내는 것이 핵심이라 할 수 있다.

영화 마케팅 홍보에서 중요한 것은 바이럴 마케팅(viral marketing)의 프로그램을 세밀하게 구상하는 것이다. 바이럴 마케팅은 마치 바이러스가 빠르게 확산하는 것처럼 특정 이슈에 대해 사람들 사이에서 빠르게 입소문이 나도록 하는 마케팅을 의미한다(박신의, 2012). 바이럴 마케팅에서는 소비자들이 자발적으로 영화에 대한 정보를 공유하고 확산시키도록 하는 것이 중요하기 때문에 소비자가 다른 사람에게 언급하고 싶을 만큼 독특하고 흥미로운 홍보 포인트가 있어야 한다. 스토리, 감독, 작가, 연기자, 특수 효과 등 소비자들이 흥미롭다고 여길 만한 이야깃거리를 사전에 공개함으로써 기대감을 높여야 한다.

흥행을 위한 추세선 분석

영화 마케팅 환경은 빠르게 변화하고 있다. 이런 변화에 맞춰 마케팅 전략도 진화해야 한다. 영화는 상영 기간이 짧고 흥행 여부도 단시간 내에 결정되는 속성이 있다. 이런 상황에서 시장을 위한 마케팅 전략을 수립하고 소비자 반응 변화를 살펴 전략과 전술을 실시간으로 바꿀 필요가 있다. 마케팅 추세선을 활용해 변화를 파악하고 마케팅 방향을 예측하기 위한 지표를 도출해야 한다.

영화를 포함한 모든 마케팅에서 추세선을 활용하고자 한다면 기본적으로 빅 데이터 수집이 필수적이다. 빅 데이터는 방대한 양의 데이터를 수집하고 분석해서 새로운 의미의 가치를 창출하게 도와준다. 빅 데이터를 시각화하고 향후 시장의 변화를 예측하는 데 사용되는 도구인 추세선을 도출하게 된다. 빅 데이터 분석을 통해 영화의 인기 추세를 살펴보게 되는데, 스토리, 배우, 연출 등 다양한 요인 중 인기를 끌 만한 요인을 읽어 내고 이에 맞춰 흥행을 이어 갈 수 있는 마케팅 포인트를 찾을 수 있게 된다.

창구 효과와 원 소스 멀티유즈 전략의 고려

영화는 단순한 예술 작품을 넘어, 거대한 산업으로 자리매김해 왔다. 영화의 성장 배경에는 영화만의 강력한 상업적 속성이 자리하고 있다. 즉, 제작과 배급 과정에서 수익 창출을 목표로 하는 특성이다. 영화는 단순히 작가나 감독의 예술성을 표현하는 매체를 넘어, 관객을 모아 수익을 극대화하는 상품으로서의 성격을 강하게 지니고 있는 것이다. 따라서 영화를 기획하는 단계에서부터 한 편의 영화가 극장에서 개봉하는 것으로 끝나는 것이 아니라 다양한 부가적인 이익을 창출할 수 있도록 전략을 짜야 한다. 이때 고려할 수 있는 전략으로 창구 효과(window effect)와 원 소스 멀티유즈(one source multi use: OSMU)라는 개념이 있다.

창구 효과는 특정 콘텐츠가 다양한 플랫폼을 통해 재유통되면서 발생하는 파급 효과를 의미한다. 한 편의 영화가 극장 상영을 마쳤을 때, 일정 시간이 지나 VOD(video on demand: 주문형 비디오)나 OTT(over-the-top: 인터넷으로 콘텐츠를 송출하는 채널) 서비스를 통해 재방영되는 것을 말한다. 동일한 콘텐츠가 여러 플랫폼에 공개되면서 수익이 추가적으로 발생할 수 있고, 콘텐츠의 가치가 플랫폼별로 새롭게 발생할 수 있다는 장점이 있다.

최근 창구 효과(windowing effect)와 관련해 특히 홀드백(holdback) 이슈가 주목받고 있다. 홀드백은 영화가 극장에서 상영을 마친 이후, TV나 OTT 같은 다른 플랫폼에서 공개되기까지의 대기 기간을 의미하는데, 최근에는 이 기간이 매우 짧아지는 추세가 특징적이다(이은영, 2023).

이는 소비자들의 즉각적 소비 욕구에 부응하는 동시에 극장 이외의 부가 수익 창출 창구를 빠르게 열어야 하는 산업적 압박과도 연결된다.

영화를 통해 추가적인 부가 가치를 창출할 수 있는 또 다른 방법으로 원 소스 멀티유즈(one source multi-use) 전략을 들 수 있다. 이 전략은 하나의 콘텐츠를 다양한 형태로 확장해 수익을 극대화하는 방식이다. 예를 들어 한 편의 영화에 등장하는 캐릭터나 세계관을 중심으로 영화, 드라마, 애니메이션, 게임, 만화, 굿즈 등 여러 분야로 이야기를 확산시키고 다양한 소비 접점을 만드는 전략이다. 팬들은 다양한 방식으로 콘텐츠를 즐길 수 있으며, 기업은 지속적이고 반복적인 수익 창출 기회를 마련할 수 있다. 영화 기획 단계에서는 적극적으로 이야기되지 않았지만, 원 소스 멀티유즈 전략을 펼쳐 영화의 성공이라는 결과로 이어지는 경우가 있다. 반면, 애초에 영화를 기획하는 단계에서부터 원 소스 멀티유즈 전략을 어디까지 확장할 수 있는가를 적극적으로 논의하기도 한다(이경호, 2009).

소비자 관점의 마케팅 포인트

영화를 즐기는 소비자들을 대상으로 인터뷰를 진행하면서 유심히 살펴봤던 키워드는 '처음부터 끝까지 재미있게 영화를 즐기는 것'과 '문화 압축제로서의 영화'라는 표현이었다.

처음부터 끝까지 재미를 놓지 않는 영화

소비자들은 영화를 단순히 영화관에서 관람하고 끝나는 것으로 생각하고 있지 않다. 한 편의 영화를 소개받고 선택하고 관람하고 주변인들에게 영화 평을 하는 전체 과정이 다 영화를 경험하는 하나의 과정이라고 생각하고 있다. 그래서 영화의 예고편부터 재미가 있어야 한다. 분위기나 스토리를 잘 보여 주고 기대감을 높여 주는 영화를 더 선호하는 것으로 나타나고 있다. 영화의 제작 과정을 보여 주는 메이킹 영상도 함께 즐기고 있다. 배우와 감독이 영화의 의도나 의미를 관객들과 깊이 있게 이야기하는 인터뷰 자리를 적극적으로 마련하는 것을 좋아한다고 소비자들은 말한다.

영화는 다양한 경험을 제공하는 문화 압축제

한 소비자는 인터뷰에서 '영화는 다양한 문화를 경험할 수 있는 집약체'라고 표현했다. 영화를 통해 시대, 지역, 문화 등 다양한 정보를 생생하게 만나 볼 수 있다는 뜻이다. 영화에 등장하는 의상, 건축물, 음식, 관광지, 언어 등은 소비자가 경험해 보지 못한 새로운 즐거움을 준다. 역사적 사건을 드라마화한 스토리를 통해 새로운 지식을 쌓을 수도 있고 새로운 가치관을 정립할 수도 있다고 언급한다. 영화가 하나의 즐길 거리를 넘어 다양한 문화를 경험할 수 있는 압축제 역할을 한다는 특성을 고려해 좀 더 다양한 문화를 다룬 영화가 등장하면 좋겠다는 의견을 내기도 했다.

참고문헌

박신의(2012). 공감의 바이러스-예술에서의 바이럴 마케팅 (Viral Marketing). ≪문화예술경영학연구≫, 5(1), 3-27쪽.

윤슬(2023). 뤼미에르 형제의 최초의 영화 '열차의 도착'(1895)의 영화사적 의미. 무비앤라이프, https://yoonseul1209.com/entry/%EC%84%B8%EA%B3%84-%EC%B5%9C%EC%B4%88%EC%9D%98-%EC%98%81%ED%99%94-%E2%80%98%EC%97%B4%EC%B0%A8%EC%9D%98-%EB%8F%84%EC%B0%A9%E2%80%991895%EC%9D%98-%EC%98%81%ED%99%94%EC%82%AC%EC%A0%81-%EC%9D%98%EC%9D%98#google_vignette

이경호(2009.9.24). [스크린-드라마 원소스 멀티유스②] 영화→드라마 VS 드라마→영화. ≪동아일보≫, https://www.donga.com/news/article/all/20081016/8644601/1

이은영(2023.12.13). 영화 OTT 직행에 영화관 아사 직전… '홀드백'

논의 물살. ≪조선비즈≫,
https://biz.chosun.com/industry/company/2023/12/13/22AM7NASPJAQHFZASLFUO3PB7U/?utm_source=naver&utm_medium=original&utm_campaign=biz

05

푸드 마케팅

음식은 인간의 생존이라는 개념에서 출발한다. 우리는 배고픔과 갈증이라는 생리적 욕구를 해소하기 위해 음식을 찾으며, 이것은 인간의 생존 본능과 밀접하게 연결된 행위다. 하지만 오늘날 음식은 자신과 공동체를 표현하는 중요한 문화적 기호로 인식되기 때문에 단순히 음식을 만들고 판매하는 개념을 넘어서는 푸드 마케팅적 접근이 필요하다.

푸드

음식은 생존과 직결되어 있다. 인간은 생명이 시작되는 순간부터 끝나는 순간까지 음식이 없이는 생존할 수 없는 존재다. 배고픔과 갈증을 느끼고 이를 해소하기 위해 음식을 찾는 것은 생명의 생존 본능과 닿아 있다. 음식을 통해 우리는 에너지를 공급받고 신체 기능을 유지할 수 있다. 따라서 음식은 우리의 생존에 가장 중요한 기본 요소라 할 수 있다.

인간은 음식을 찾기 어려운 환경에 적응하고, 그 환경에서 사냥을 하고 채집을 하며 생존 능력을 키워 왔다. 여럿이 사냥을 하고 음식을 나눠 먹으며 집단의 사회성을 키울 수 있었다. 음식의 조리법을 다음 세대에 전달하는 과정에서 문화가 형성되었고, 그 사회 속에서 자신에 대한 정체성과 집단의 정체성을 확인할 수 있었다. 음식은 인간의 역사 그 자체이자, 사회이며, 문화이고, 시대의 정서를 반영하는 상징물이다.

음식의 중요성을 인식한 기업들은 치열한 경쟁 환경 속에서 다양한 푸드 마케팅 전략을 수립하고 있다. 푸드 마케팅은 음식을 매개로 한 판매 전략이 핵심이지만, 현재의 푸드 마케팅은 단순히 음식을 판매하는 것 이상의 의미를 가지고 있다. K-컬처가 전 세계적으로 열풍을 일으키고 있는 가운데, K-푸드에 대한 관심도 함께 높아지면서 기업들의 푸드 마케팅 전략은 더 다양화되고 더 고도화되고 있다(김호준, 2024).

이런 성장 과정에서 중요하게 고려해야 하는 것이 지속 가능성이다. 사람들은 음식에 대해 윤리나 책임감을 요구하고 있으며, 이 요구에 부합하는 이른바 착한 푸드 마케팅은 시장의 성장 가능성보다 더 앞서 고려해야 할 사항이다. 제품 포장에 과장이 있거나, 환경 의식에 저해되지 않아야 하고, 성분이 투명해야 하며, 신뢰하고 제품을 구매할 수 있게 해 주어야 한다. 제품의 개발에서부터 유통에 이르기까지 모든 요소가 지속 가능성을 가지고 있어야 한다.

음식에 관심 있는 소비자의 심리

내가 먹는 것이 나를 표현하는 방법

우리가 음식을 먹는 행위는 단순히 생명을 유지하려는 것 이상의 의미를 지닌다. 내가 먹는 음식은 내가 어떤 것을 중요하게 생각하고 어떤 삶을 지향하고 있는지를 나타내는 중요한 지표다. 예를 들어, 동물 보호나 기후 변화 등의 환경 이슈에 관심을 가지고 있는 사람은 채식 위주의 식품을 섭취하고 유기농 식품을 선호하는 경향이 강하다.

외국인이 K-푸드를 소비하는 것은 음식을 통해 한국이라는 문화를 좋아한다는 심리를 표현하는 행위라고 할 수 있다. 또한 K-푸드를 즐기는 자신이 글로벌한 시각을 가지고 있으며 다양한 문화에 대한 포용력이 있음을 보여 주는 상징적 표현이라 할 수 있다.

소셜 미디어에서의 중요한 이야깃거리

주변 사람들의 소셜 미디어를 들어가 보면 자주 접하게 되는 주제가 음식에 관한 콘텐츠다. 소셜 미디어에서 음식은 여러 의미에서 중요한 이야깃거리가 된다. 음식 자체는 일상에서 매일 접하지만 개인의 생각과 개성을 잘 표현할 수 있는 주제이기 때문에 자연스럽게 네트워크를 만들고 대화를 이끌어 내는 데 도움이 된다. 맛집을 추천하거나, 새로운 메뉴나 음식을 소개하거나, 독특한 요리법을 공유하는 것은 다른 사람들과 빠르게 소통할 수 있는 소재가 된다.

내가 찾아간 식당에서의 색다른 경험, 새로운 요리법으로 시도한 결과물, 여러 여행지에서 맛본 음식 이야기는 다른 사람들에게는 독특한 경험을 제공하기도 하지만, 자신이 어떤 삶을 살고 있는지를 표현할 수 있는 좋은 방법이기도 하다. 이런 소셜 미디어 콘텐츠의 확산은 음식에 대한 관심을 더욱 높이는 촉발제 역할을 한다.

유대감과 소속감의 표현인 음식

음식만큼 사람들 사이의 유대감과 소속감을 강하게 표현할 수 있는 주제도 없을 것이다. 사람들은 음식을 나누거나 주고받으면서 서로가 연결되어 있음을 확인한다. 자신이 어딘가에 소속되어 있다고 느낌으로써 친밀한 관계를 유지하고 강화해 나간다.

가족이나 친구와 음식을 나눠 먹으며 대화를 나눈 기억은 사진을 찍은 것처럼 매우 생생하게 기억에 남게 되고, 감정적 유대감을 깊게 만드는 효과가 있다. 다른 사람들에 대한 좋은 감정과 기억, 그리고 특별한 유대감을 형성하는 관계의 매개체로서 음식은 매우 중요한 의미를 가지고 있다고 할 수 있다(김지영, 2023).

푸드 마케팅의 포인트

모디슈머의 활용

최근 푸드 마케팅 분야에서 많은 관심을 끄는 주제가 모디슈머(modisumer)다. 모디슈머는 변형의 의미를 가지고 있는 'modification'과 소비자를 뜻하는 'consumer'가 결합한 용어다. 푸드 모디슈머는 기존 식품을 자신의 입맛에 맞게 변형해서 새로운 음식으로 만들어 먹는 소비자를 말한다(김범규, 2023).

푸드 모디슈머들은 이미 판매되고 있는 음식을 소비하는 것이 아니라 자신이 가지고 있는 레시피나 새로 고안한 아이디어로 여러 음식을 다르게 해석하거나 이들을 조합해 새로운 형태와 맛을 가진 음식으로 탈바꿈시키는 데 흥미를 가지고 있다(MBC뉴스, 2024).

푸드 모디슈머가 활성화된 배경은 소셜 미디어의 빠른 성장과 확산에 있다고 할 수 있다. 자신만의 특별한 레시피를 다른 사람들과 공유하고 이를 퍼뜨리는 현상은 모디슈머에 대한 기업들의 관심을 키우는 요인이 되고 있다. 현재 기업들은 모디슈머의 아이디어를 가져와 기존 제품을 변형해 한정판으로 내놓거나 해당 제품의 레시피를 다른 소비자들과 공유하면서 좋은 반응을 얻고 있다. 더 나아가 소비자들이 자신만의 취향을 반영한 음식을 선택할 수 있는 제품을 출시하기도 한다.

리얼푸드 운동

리얼푸드(real food)는 가공을 최소화해 영양소의 손실을

막고 자연 상태에 가까운 음식을 섭취할 수 있도록 만든 음식을 말한다(플랜틀리 블로그, 2023). 자연 농법을 유지하면서 환경을 지키는 농업 환경도 함께 강조한다. 딜로이트(Deloitte)의 2020년 보고서는 미래 식품 산업의 주요 트렌드로 개인 맞춤형 음식과 함께 지속 가능성을 강조하고 있다(Deloitte, 2020).

건강에 대한 관심이 높아지면서 건강한 식습관과 함께 환경 문제를 고민하는 라이프 스타일의 특성을 보이는 소비자들 사이에서 리얼푸드가 중요한 이슈로 자리 잡고 있다. 인공 첨가물이나 방부제, 색소 등을 넣지 않고 자연 그대로의 영양소를 담고 있으면서 자연의 맛을 유지하는 식품에 대한 관심이 많아졌다.

리얼푸드는 건강과 환경에 대한 소비자들의 관심을 통해 발생한 것으로, 리얼푸드 기법을 도입한 기업과 관련 제품은 소비자들 사이에서 긍정적인 이미지와 높은 신뢰도를 구축할 수 있다. 건강한 식품을 만들면서 환경을 고려하는 기업은 윤리적 기업으로 평가받을 수 있고, 장기적으로는 브랜드 충성도를 높일 수 있다. 최근 기업들에 대한 비재무적 평가 기준으로 환경(environmental), 사회(social), 지배 구조(governance)를 고려한 ESG 경영이 주목받고 있는 것을 보더라도 이런 리얼푸드에 대한 기업의 관심은 더 높아질 것으로 예상된다.

재미있는 스토리텔링 마케팅 구현

푸드 마케팅에서 중요한 것은 스토리텔링을 어떻게 구현하는가다. 음식에서 스토리텔링이 중요한 이유는 소비자와 음식 사이에 감정적인 연결 고리를 만들 수 있고, 브랜드에 대한 긍정적인 이미지를 심어 줄 수 있기 때문이다. 일상에서 쉬게 접하는 음식에 스토리를 입혀 제공하는 것은 단순히 제품에 대한 정보 제공의 의미를 넘어 소비자들에게 특별한 경험을 준다는 점에서 강점을 가지고 있다.

예를 들어, 어떤 지역에서 전해 오는 특별한 음식이 있다고 하자. 그 레시피가 만들어진 배경이나 음식을 만드는 식당의 스토리, 음식을 만들기 위해 파종하고 재배하는 모든 과정의 이야기가 곧 음식에 대한 소비자들의 몰입을 유도할 수 있다. 또한 음식의 생산 과정, 원산지, 품질 관리 등에 대한 이야기는 브랜드에 대한 신뢰로 연결될 수 있다. 또한 음식의 스토리는 제품을 생산하는 기업의 철학을 함께 전달할 수 있어서 기업에 대한 신뢰도를 높이는 방법이 된다. 브랜드에 대한 관심은 구매로 이어지고 반복적인 구매로 연결되는 브랜드 충성도를 낳을 수 있다. 소비자들은 소셜 미디어에 공유할 좋은 스토리의 원천으로 활용할 수 있다. 따라서 기업은 이런 스토리텔링 마케팅 방법을 적극적으로 고민해야 한다.

소비자 관점의 마케팅 포인트

음식을 즐기는 젊은 소비자를 대상으로 인터뷰를 했을 때 눈에 띄는 키워드는 '음식 이슈'와 '투명한 마케팅'에 대한 요구였다.

음식에도 이슈가 있다

인터뷰에 응한 한 소비자는 평소에 한정 판매되는 음식이나 특정 시즌에만 판매하는 음식에 매우 관심이 많다고 했다. 음식이나 식당의 메뉴를 선택할 때는 흥미를 끄느냐가 중요한 요소로 작용하고, 소셜 미디어에 올릴 만한 특별한 스토리가 있을 때 선택한다는 것이다. 최근에는 모험적인 맛과 레시피에 관심을 가지고 있다고 한다. 신대륙을 발견하는 것처럼 기존 제품에서 새로운 맛을 찾아내 그 결과물을 다른 사람들과 공유하고 공유받는 것이 새로운 놀이 문화라고 한다.

즉, 음식이라는 문화에 'fun' 개념이 포함되는 것이다. 한때 대파맛 시리얼이 젊은 층에서 많은 사랑을 받았다. 사람들이 대파를 좋아하는 이유도 작용했겠지만, 호기심과 도전 정신에서 구매하고 섭취한 사람도 많았을 것이다. 이런 소비가 소비자들에게는 즐거운 추억을 선사하고 인스타그램에 올릴 수 있는 재미있는 콘텐츠가 된다. 지금의 푸드 마케팅을 펀 마케팅이라고 하는 이유가 여기에 있다고 할 수 있다.

가장 투명한 마케팅이 필요하다

인터뷰에 응한 사람들은 푸드 마케팅에서 가장 중요한 것은 투명성이라고 강조했다. 내가 먹고 내 가족이 먹는 것이기 때문에 이 음식이 어떤 과정을 거쳐 만들어졌고, 내 건강에 어떤 좋은 영향을 미칠지를 궁금해하고 있다. 포장지에 있는 QR 코드를 살펴보는 이유는 제품의 원재료, 영양 정보, 효과, 섭취 방법 등에 대한 정보를 정확히 알고 싶기 때문이다. 식품에 대한 정보를 투명하게 알리는 것은 푸드 마케팅에서 가장 핵심적인 일이다.

소비자들에게 신뢰와 확신을 주기 위해 한 식품 관련 쇼핑몰에서는 식품이 생산되고 가공되는 전 과정을 그 회사의 홈페이지를 통해 실시간 생중계했다. 이는 소비자들이 식품의 출처, 생산 방식, 위생 관리 등 전 과정을 알고 싶어 한다는 욕구를 충족해 주려는 시도다. 앞으로도 음식 관련 정보의 투명성에 대한 소비자들의 요구는 더욱 다양해질 것이다. 이런 요구에 부응하는 브랜드야말로 시장에서 장기적으로 신뢰를 얻고, 지속적인 소비자 사랑을 받으며, 안정적인 매출 실적을 달성해 나갈 수 있을 것이다.

참고문헌

김범규(2023.2.27). 나만의 방식 '홈쿡'…업계 "모디슈머 잡아라". ≪중기이코노미≫, https://www.junggi.co.kr/article/articleView.html?no=30084

김지영(2023.9.13). '불닭볶음면 신화' 김정수 부회장 "과학·문화 융합해 진화할 것". ≪이투데이≫, https://www.etoday.co.kr/news/view/2284196

김호준(2024.8.7). 불고기도 떡볶이도 '뚝딱'… K-소스, 세계인 입맛 홀린다[글로벌 영토 넓히는 K-푸드]. ≪문화일보≫, https://www.munhwa.com/news/view.html?no=2024080701031907205002

플랜틀린 블로그(2023.1.25). 자연 그대로의 식재료: 리얼 푸드를 섭취해야 하는 이유, https://blog.naver.com/plantlyeats/222994045793

MBC뉴스(2024.12.2). 라면 하나도 내 취향대로…'모디슈머' 제품 대세, https://imnews.imbc.com/replay/2024/nwtoday/article/6661898_36523.html

Deloitte(2020). The future of food: Sustainable and personalized foods for the next generation. Deloitte Insights.

06

스포츠 마케팅

스포츠는 전 세계적으로 나이, 성별, 문화의 차이를 넘어 수많은 사람의 관심과 사랑을 받고 있는 보편적인 활동이다. 경쟁과 협동, 감동과 승부의 드라마를 담고 있는 스포츠는 문화와 산업 전반에 걸쳐 강력한 영향력을 발휘하고 있다. 이런 스포츠의 힘을 바탕으로 이루어지는 스포츠 마케팅은 스포츠 자체를 활성화하는 활동과 함께 영리 기업이 자사의 제품이나 서비스를 알리고 판매하는 내용까지를 모두 포함한다.

스포츠

스포츠의 역사는 인간 활동의 초기 형태인 사냥과 무관하지 않다. 스포츠는 체육학, 인류학, 그리고 문화사 연구에서 중요하게 다루는 주제다. 각 분야의 설명을 토대로 살펴보면 스포츠는 인류의 생존 본능에서 비롯되었다고 할 수 있다. 사냥에 성공해 생존하기 위해서는 강인한 체력, 조준력, 민첩성, 협동심이 매우 중요했고, 이를 기르기 위한 활동이 스포츠의 형태로 나타났다는 것이다(Dunning & Sheard, 2005).

프랭크 맥브라이드(Frank McBride)는 스포츠가 인간의 역사에서 전쟁의 대체 수단으로 활용되어 왔다고 설명하기도 한다(McBride, 2013). 그는 스포츠가 단순한 오락이나 신체 활동이라는 의미 이상의 역할을 수행하는데, 특히 스포츠의 사회적 역할에 주목해야 한다고 이야기한다. 스포츠는 인간의 경쟁 본능을 대리하여 표현하며, 전쟁과 같은 폭력적 충돌을 피할 수 있는 안전한 공간을 제공한다. 반면, 스포츠가 국가 간의 갈등이나 전쟁 위기 상황을 해소하는 데 효과적인 수단이 될 수도 있다(Butterworth, 2007).

스포츠는 전 세계적으로 연령이나 문화에 상관없이 폭넓게 사람들의 관심과 사랑을 받고 있다. 스포츠 마케팅은 스포츠 자체를 활성화하는 활동과 함께 영리 기업이 스포츠를 활용해 자사의 제품이나 서비스를 알리고 판매하는 내용까지를 모두 포함한다. 스포츠 자체의 마케팅 활동은 스포츠 경기, 팀, 선수 등에 초점을 맞춰 관련 내용이나 인물의 인지도를 높이고 관객 동원 등을 통한 수익 증대를 목표로 한다. 이를 위해 티켓 판매, 경기 관중 유치, 팬 서비스, 관련 굿즈 판매 등의 활동이 이루어진다(Shank & Lyberger, 2014). 스포츠 마케팅의 또 다른 유형인 스포츠를 활용한 마케팅은 기업이 스포츠 경기나 선수를 후원하거나 경기장 내에 광고를 하거나, 유명 선수들을 브랜드 앰배서더(brand ambassador: 브랜드 모델)로 선정해 광고에 출연시키는 등의 방법을 통해 이루어진다.

스포츠 마케팅을 통해 스포츠 산업 자체와 기업 모두에게 이익이 되는 사례가 많이 등장되고 있다. 따라서 스포츠의 유형을 살피고, 적절한 마케팅 방법을 선택한다면 브랜드의 경쟁력을 강화하는 데 도움이 될 수 있다.

최근 AI 시스템을 활용한 스포츠 마케팅은 더 빠르고 다양한 형태로 발전하고 있다. 팬들이 선호하는 콘텐츠를 분석해 최적의 시점에 공개하고, 다양한 채널에서 수집한 팬 데이터를 분석하는 것은 스포츠 마케팅의 핵심이다. 또한 스포츠와 디지털 자산과의 연결을 통해 새로운 형태의 수익 모델을 제시하고 있는 것도 눈여겨봐야 한다.

스포츠에 관심 있는 소비자의 심리

소속감과 아이덴티티 형성

스포츠를 좋아하는 사람은 특정 종목을 즐기거나, 특정 팀이나 선수를 응원하며 다른 사람들과 교류하고, 그 속에서 소속감을 느끼며 자신의 정체성을 형성해 나간다. 사회 정체성 이론에 따르면, 개인은 자신이 소속된 집단에서 자아 존중감을 형성하고 향상할 수 있다. 특정 지역을 연고로 한 팀이나 선수를 해당 지역 출신이거나 거주 중인 사람들이 응원하는 과정에서, 서로 간의 유대감이 강화될 수 있다(Mullin et al., 2014).

이런 사람들의 심리를 고려해 기업의 스포츠 마케팅 전략도 다양화할 수 있다. 기업은 특정 팀이나 선수와 스폰서십을 맺고 그 팀이나 선수를 응원하는 팬들과 긍정적인 관계를 형성할 수 있다. 팬들은 자신이 좋아하는 팀이나 선수를 지원하는 기업과 브랜드에 호감을 갖게 되고, 이는 자연스럽게 브랜드 매출로 이어진다. 또한 팬들은 자신이 좋아하는 팀을 다른 사람들에게 보여 주기 위한 목적으로 다양한 굿즈를 소비하기도 한다. 이런 행동을 통해 자신의 정체성을 확인하고, 다른 사람들과 같은 상품을 소비하고 소장함으로써 집단의식을 강화한다.

대리 성취감

스포츠 팬은 자신이 응원하는 팀이나 선수가 승리할 때 마치 자신의 성취처럼 느끼는 '대리 성취감'을 경험한다. 이런 감정은 자기 존중감을 높이며, 팀이나 선수에 대한 정서적 유대감을 더욱 강화하는 데 기여한다(Branscombe & Wann, 1991).

많은 사람은 경기에 직접 참여하지 않더라도, 선수들이 우승하거나 역경을 극복하는 과정을 보면서 스포츠를 간접적으로 체험하며 만족감을 얻는다. 이처럼 선수들의 노력과 도전은 스포츠의 매력을 더욱 부각하는 요소로 작용한다.

생존 및 경쟁 본능

스포츠가 사람들의 관심과 사랑을 받는 이유는, 그것이 인간의 본성을 가장 잘 자극하기 때문이다. 인간의 삶은 한정된 자원을 둘러싼 갈등과 경쟁, 생존의 연속이라 할 수 있는데, 이런 치열한 삶의 모습은 스포츠에서도 드러난다. 작은 골대에 공 하나를 넣기 위해 90분간 달리는 축구 선수나, 결승선을 누구보다 먼저 통과하기 위해 전력 질주하는 선수들의 모습은 인간 본연의 투쟁과 도전을 상징적으로 보여 준다.

삶이 경쟁과 생존의 연속인 것처럼 스포츠에서도 다른 선수들과 끊임없이 경쟁하고, 그 속에서 우승이라는 생존의 결과를 얻는다. 그 과정을 보는 사람들은 성취감을 느끼게 된다. 이러한 성취감은 인간의 가장 기본적인 생존 본능을 닮아 있다고 할 수 있다. 또한 예선, 본선, 준결승전, 결승전으로 이어지는 일련의 과정은 자신의 한계를 뛰어넘어 한 단계 한 단계 성장하려는 인간의 본능과도 닮아 있다.

스포츠마케팅 포인트

브랜드 충성도의 기초 작업인 팬 마케팅

스포츠 경기가 존속할 수 있는 중심에는 팬들이 있다. 팬이 많을수록 경기 티켓, 굿즈, 중계권, 광고 수익 등이 꾸준히 발생한다. 팬들은 특정 구단이나 선수의 든든한 지원자이기도 한데, 이들은 경기를 즐기는 것을 넘어 구단 또는 선수와 밀접한 연대감을 느끼고 있다. 아르헨티나의 축구 선수 디에고 마라도나(Diego Maradona)는 단순한 스포츠 스타를 넘어 국가의 영웅으로 칭송되었다. 마라도나는 단순한 축구 선수를 넘어 아르헨티나의 정체성을 상징하는 인물이었으며, 문화적 · 정서적 유대의 중심에 있었다. 특정 스포츠가 지속하는 데 팬이라는 존재가 얼마나 중요한지를 보여 주는 사례이기도 하다.

현재 스포츠 구단이나 기업은 스포츠를 매개로 팬들과 적극적으로 소통하는 방법을 고민하고, 이를 실제로 마케팅에 적용하고 있다. 예를 들어, 맨체스터유나이티드(Manchester United)는 글로벌 팬들을 대상으로 브랜드 충성도를 높이기 위해 다양한 활동을 전개하고 있다. 맨체스터유나이티드는 디지털 멤버십 프로그램인 '공식 멤버십(official membership)' 프로그램을 운영하는데, 이 프로그램은 팬들에게 티켓이나 한정 판매 굿즈의 우선 구매권을 제공한다. 이렇게 개인화된 팬들의 경험은 클럽에 대한 유대감을 더 강화하는 결과로 이어지고 있다(Shilbury et al., 2020). 또한 디지털 플랫폼을 통해 수집한 데이터를 팬클럽 운영과 콘텐츠에 적극 반영하고 있다. 팬들을 대상으로 실시한 투표 결과와 SNS 댓글을 분석해 팬들이 선수나 구단에 바라는 점을 파악하고 이를 기반으로 장기적인 충성도를 유지하고 있다.

다른 분야도 마찬가지지만 스포츠에서 중요한 점은 재

방문율을 높이는 것이다. 높은 재방문율은 그만큼 브랜드 충성도가 높다는 것을 의미한다. 재방문율을 높이는 필수적인 방법은 팬을 확보하는 것이고, 더 나아가 이들이 이탈하지 않도록 지속적으로 프로그램을 제공하는 것이다.

게이미피케이션 마케팅

게이미피케이션(gamification)은 '게임(game)'과 '-화하다(-ification)'의 합성어로, 게이미피케이션 마케팅은 게임 외의 분야에 게임의 메커니즘과 사고방식 등을 적용해 사용자에게 재미와 보상을 제공하는 기법이다(소비자평가, 2024). 게이미피케이션 마케팅은 다양한 분야에 적용되고 있는데, 특히 스포츠 마케팅 기법의 하나로 활발하게 활용되고 있다. 기업이나 구단은 최신의 테크놀로지 기법인 증강 현실, 가상 리그, 챌린지 등 게임 요소를 가미해 팬들의 팀과 선수에 대한 관심을 높이고 긍정적인 유대감을 강화하고 있다(유다연, 2024). 예를 들어, 가상 현실이나 증강 현실 기술을 활용해 팬들이 경기를 경험할 수 있도록 하거나, 가장 시뮬레이션 게임을 통해 자신이 좋아하는 선수와 경기를 할 수 있도록 프로그램을 운영하는 것이다.

경기 관람 중 게이미피케이션을 활용해 관중의 몰입도

를 높일 수 있다. 경기 중 퀴즈, 가상 베팅, 실시간 투표와 같은 활동은 팬들에게 경기 외적인 재미를 제공한다(이동현, 2024). 이런 게이미피케이션 마케팅은 팬들의 관심도를 높일 뿐만 아니라 팬들의 데이터를 확보하는 데도 기여한다.

가상과 현실의 판타지 스포츠 리그를 통한 마케팅

최근 디지털 미디어 기술의 발달로 판타지 스포츠 리그를 통한 마케팅 기법이 활발해지고 있다. 판타지 스포츠 리그는 사용자들이 실제 활동하고 있는 운동선수들을 모아 가상의 팀을 만들고 다른 팀과 경쟁을 해 나가는 게임이다(이정인, 2022). 이는 팬들에게 스포츠에 대한 새로운 경험을 제공하는 한편 관련 스포츠 산업의 성장에도 크게 기여하고 있다.

사용자들은 경기에서 선수들이 만들어 내는 실적을 토대로 포인트를 받게 되고, 시즌별로 팀 운영 전략을 수립하기도 한다. 이런 판타지 스포츠 리그는 팬들이 선수들의 실적에 지속적으로 관심을 갖게 만들고, 경기 몰입도를 높이는 한편 팀과 선수에 대한 애착을 갖게 하는 데 매우 효과적이다.

소비자 관점의 마케팅 포인트

스포츠를 즐기는 소비자들을 대상으로 인터뷰를 진행한 결과, '바이럴 마케팅'과 '롤 모델'이라는 키워드를 도출해 낼 수 있었다.

적극적인 바이럴 마케팅 필요

스포츠를 즐기는 사람은 스포츠 선수나 구단에 대한 정보나 경기 결과, 선수들의 인터뷰 내용을 관련 커뮤니티나 소셜 미디어에서 습득한다고 응답했다. 요즘은 경기 중 응원을 따라 하는 챌린지 영상을 보고 이를 다른 사람들과 공유하는 것을 즐기는 추세다. 또한 좋아하는 선수들의 개인 SNS를 보는 것도 즐긴다고 한다. 다른 분야도 그렇지만 스포츠 분야에서는 SNS의 역할이 매우 크다는 것을 알 수 있는 인터뷰 내용이다.

경기 직후 선수의 SNS에 어떤 멘트가 게시되었는가는 팬들뿐만 아니라 언론도 궁금해하는 요소다. 따라서 스포츠 마케팅을 효과적으로 수행하기 위해서는 현재 대중이 가장 많이 사용하는 SNS 플랫폼의 유형을 파악하고, 각 플랫폼의 특성에 맞춘 전략을 구체적으로 수립할 필요가 있다.

인생의 롤 모델을 만날 수 있다

스포츠를 즐기는 사람들과의 인터뷰에서 눈여겨볼 만한 발언은 스포츠가 단순히 건강을 위한 활동을 넘어 더 깊은 의미를 가진다는 점이다. 한 인터뷰 참가자는 농구 선수 르브론 제임스(LeBron James)의 팬으로, 단순히 이 선수의 플레이가 아니라 인생 전체에 매료되었다고 말한다. 제임스가 불우한 어린 시절을 이겨 내고 미국 NBA의 스타로 성장하는 과정을 보며 인내와 노력이 얼마나 중요한지를 깨달았으며, 이는 자신이 삶의 목표를 바꾸는 데도 결정적인 영향을 미쳤다고 설명한다.

스포츠는 단순히 몸을 움직이는 운동 이상의 역할을 한다. 그것은 우리가 인생을 어떻게 살아가야 하는지, 어려움과 역경 속에서 강한 정신력으로 어떻게 생존해야 하는지를 일깨워 주며, 보는 이들에게 깊은 감동을 준다. 또한 스포츠는 한계를 뛰어넘고 끊임없이 도전할 수 있는 용기와 의지를 심어 주는 중요한 자극제 역할을 한다. 이런 특성 덕분에 스포츠는 단순한 경기나 오락을 넘어 사회적, 문화적, 심리적 영향력을 행사하는 매개체로 자리 잡았다.

따라서 스포츠 마케터들은 스포츠가 가진 다양한 역량을 경기장 안에서만 발휘할 것이 아니라, 경기장 밖에서도 팬들과의 소통, 브랜드 가치 창출, 사회적 메시지 확산 등 다양한 차원에서 어떻게 폭넓게 활용할 수 있을지 깊이 고민할 필요가 있다. 이를 통해 스포츠의 진정한 힘을 마케팅 전략에 담아낼 수 있을 것이다.

참고문헌

유다연(2024). 흔함이 아닌 독특함, 새롭게 떠오르는 업계들의 다양한 게이미피케이션. ≪소비자평가≫, http://www.iconsumer.or.kr/news/articleView.html?idxno=26724

이동현(2024.8.6). [게임과 세상] 축구에 게이미피케이션을 더하면. ≪데일리게임≫, https://www.dailygame.co.kr/view.php?ud=202408061429238712a7a3ff81e6_26

이정인(2022.7.13). [스포츠, 경제로 읽다 3.0] 데이터 전문가 영입·판타지 게임 출시… KBL이 꿈꾸는 '농구팬 놀이터'. ≪한스경제≫, https://www.hansbiz.co.kr/news/articleView.html?idxno=625331

Branscombe, N. R. & Wann, D. L.(1991). The positive social and self concept consequences of sports team identification. *Journal of Sport & Social Issues, 15*(2), pp.115-127.

Butterworth, M. L.(2007). The politics of pitch: Sport as a public diplomacy tool. *American Behavioral Scientist.*

Dunning, E., & Sheard, K.(2005). *Barbarians, gentlemen and players: A sociological study of the development of rugby*

football. London: Routledge.
McBride, R.(2013). Sport as a Substitute for War. *Journal of Sport History.*
Mullin, B. J., Hardy, S., & Sutton, W. A.(2014). *Sport marketing*(4th ed.). Human Kinetics.
Shank, M. D. & Lyberger, M. R.(2014). *Sports marketing: A strategic perspective*(5th ed.). London: Routledge.
Shilbury, D., Westerbeek, H., Quick, S., & Funk, D.(2020). *Strategic sport marketing.* Allen & Unwin.

07

뷰티 패션 마케팅

뷰티와 패션은 '나'를 표현하고, 내가 소속되어 있는 집단을 상징하고, 그 문화를 상징한다. 뷰티와 패션은 타인 또는 타 집단과 차별화되는 중요한 영역이다. 뷰티와 패션 소비자들은 제품의 품질뿐만 아니라 브랜드가 전달하는 감성적 가치와 메시지를 중시한다. 이에 맞춰 뷰티 패션 마케팅은 브랜드만의 독특한 스토리와 소비자 정체성을 연결해 나가고 있다.

패션 뷰티

평소 우리가 가장 많이 쓰는 단어는 '나'다. 세상을 바라보는 중심은 나고, 이 세계는 나를 중심으로 돌아가고 있다. 아름다움을 느끼고, 행복을 느끼는 모든 감정의 중심에는 '나'가 존재한다. 다른 사람에게 휘둘리지 않고 나만의 영역, 나다움을 느끼고 어필하는 것은 매우 중요하다. 나다움은 내가 가진 개성을 표현하는 것을 넘어, 나라는 자신을 온전히 이해하는 것이고, 주도적인 자신의 삶을 그려나가며, 타인과 진정한 관계를 맺는 데 매우 중요한 요소라 할 수 있다. 나다움을 표현하는 가장 대표적인 수단이 뷰티와 패션이다.

뷰티와 패션은 나를 표현하고, 내가 소속된 집단을 상징하고, 그 문화를 상징한다. 뷰티와 패션은 타인 또는 타 집단과 차별화되는 중요한 영역이라 할 수 있다. 예를 들어, 한복은 우리만의 고유한 의상이면서 자연과의 조화, 유교적 가치관, 그리고 조화로움을 중요시하는 한국의 미의식을 고스란히 담고 있다(김혜경, 2012).

이에 관련한 다양한 마케팅 기법이 고려되고 실제로 집행되고 있다. 인플루언서를 활용한 마케팅, 제품 리뷰 콘텐츠, 이벤트 진행, 가상 드레스 룸과 메이크업 체험 서비스 등은 소비자에게 브랜드를 더 생생하고 매력적으로 전달하는 주요 수단이 되고 있다. 특히 증강 현실(AR) 기반의 가상 체험 기술은 온라인 환경에서도 제품을 현실감 있게 체험할 수 있게 해 주며, 인플루언서는 소비자와 브랜드 간의 신뢰를 구축하고 참여를 유도하는 핵심 역할을 수행한다. 이러한 디지털 기반 전략은 소비자 경험을 풍부하게 하고, 브랜드의 차별화된 가치를 전달하는 데 중요한 역할을 한다(코스인코리아, 2024).

뷰티와 패션 아이템은 유행에 빠르게 대응한다. 무엇보다 사람들이 현재 무엇에 열광하는지, 어떤 아이템을 아름답다고 여기는지를 꿰뚫어 보는 것이 뷰티와 패션 마케팅에서는 매우 중요하다고 할 수 있다.

뷰티에 관심 있는 소비자의 심리

미를 추구하는 인간의 본성

인간의 뇌는 아름다운 것을 보면 보상 회로를 활성화해 도파민을 분비한다. 이는 오래전 뇌신경 과학 분야에서 밝힌 내용이다(Etcoff, 1999). 아름다움에 매료되는 것은 인간의 본성이라 할 수 있다.

에이브러햄 매슬로(Abraham Maslow)는 인간의 욕구는 생리적 욕구부터 안전의 욕구, 사회적 욕구를 거쳐 존경의 욕구, 자아실현의 욕구에 이르기까지 모두 다섯 단계로 이루어져 있는데, 이를 하나하나 충족하는 것이 인간의 행동 동기가 된다고 설명한다(전성찬 외, 2018). 이 중 아름다움의 욕구는 타인과의 긍정적 관계 형성에 영향을 주며, 소속감과 사랑의 욕구, 존경의 욕구를 충족시키는 데 기여한다. 뷰티와 패션 분야의 마케팅은 인간의 아름다움에 대한 욕구를 이해하고 이를 바탕으로 소비자에게 최적의 제품과 서비스를 제공하기 위해 다양한 전략을 구사하고 있다.

더 가속화된 타인과의 비교

대중 미디어에 등장하는 수려한 외모와 멋진 패션 감각을 갖춘 출연자들을 접할 때면 사람들은 자신의 모습과 그들을 비교하고 평가하는 심리적 특성을 보인다. 자신이 그들보다 뒤처진다고 느끼는 순간 자아 존중감이 낮아지게 된다. 이에 대한 대응 방법으로 소비자는 뷰티나 패션 제품을 구매해 자신의 이미지를 개선함으로써 자아 존중감을 높이고자 한다(김숙진 · 안서영, 2018).

자신이 좋아하는 연예인이 아름답고 멋지다고 느끼는 순간, 그 연예인의 의상이나 뷰티 제품을 발 빠르게 구매하는 행위도 이 같은 사회적 비교 심리에서 비롯된다. 인스타그램이나 페이스북과 같은 소셜 미디어 플랫폼의 보편화는 타인의 외모나 스타일링, 나아가 라이프 스타일을 쉽게 비교할 수 있는 환경이 만들었다. 이에 따라 뷰티와 패션에 관한 관심과 트렌드가 빠르게 변화하고 있고, 이에 발맞춰 관련 마케팅 활동도 활발히 전개되고 있다.

리테일 테라피 효과

패션이나 뷰티 아이템을 소비하는 행위는 심리적으로 큰 치유 효과가 있다고 한다. 이를 리테일 테라피(retail therapy)라고 하는데, 쇼핑을 통해 기분을 개선하고 스트레스를 완화하는 행위를 말한다(이향은, 2021). 평소 자신이 좋아하는 뷰티 아이템이나 패션 아이템을 구매함으로써 행복감과 만족감을 얻는 것이다.

뷰티와 패션 아이템을 사용함으로써 자신을 표현할 뿐만 아니라 트렌드에 동참하고 있다는 심리적 안도감을 느끼기도 한다. 이러한 소비 행위는 일시적인 스트레스를 해소하는 수단이 되는데, 예를 들어 패션 아이템을 고르고 구매하는 과정에 집중함으로써 잠시나마 부정적인 감정을 잊는 효과가 있다. 또한 새로운 옷이나 액세서리를 구매함으로써 지금보다 더 나은 미래에 대한 기대감이 상승하는 효과가 있다(Atalay & Meloy, 2011). 이러한 쇼핑 행위가 심리적인 문제를 근본적으로 해결하는 것은 아니지만 순간적인 감정 완화에는 일정한 효과가 있다.

뷰티 및 패션 마케팅 포인트

업마켓, 프리미엄, 럭셔리 시장 전략

뷰티와 패션 제품은 일반적인 소비자들의 준거 가격(reference price)의 범위를 벗어날 수 있다. 준거 가격은 소비자가 특정 제품의 실제 가격을 평가할 때 기준으로 삼는 가격을 말한다. 이 준거 가격은 과거 경험이나 시장 가격 등을 바탕으로 형성되며, 이는 소비자의 구매 의사 결정에 중요한 영향을 미친다(이학식 외, 2024).

그런데 뷰티나 패션 제품은 일반적인 준거 가격의 틀에 구애받지 않고 판매되는 특성을 보인다. 소비자의 경제적 상황과 욕구에 맞춰 이보다 낮은 가격에 책정되기도 하고, 훨씬 높게 책정되기도 한다.

소비 시장은 제품의 가격 수준에 따라 저가 시장과 대중 시장, 그리고 이보다 높은 업마켓(up-market)·프리미엄(premium)·럭셔리(luxury) 브랜드 시장으로 구분할 수 있다. 일반적으로 대중 시장의 평균 가격보다 30% 이상 높은 제품을 업마켓 브랜드, 대중 시장의 가격보다 2배

이상 제품을 프리미엄 브랜드, 대중 시장의 5배 이상의 제품을 럭셔리 브랜드로 분류한다(김다윤, 2019).

이러한 구분은 소비자의 다양한 욕구와 브랜드 소비를 통해 추구하는 핵심 가치, 경제적 여건 등에 맞춰 수립된 전략의 결과라 할 수 있다. 소비자는 세련된 디자인, 우수한 품질, 혁신성, 장인 정신, 희소성, 사회적 가치 등을 따져 뷰티와 패션 아이템을 선택하게 된다. 따라서 소비자들의 현재 욕구가 어느 수준에 머물러 있고, 어느 수준까지 끌어올릴 수 있을지를 면밀히 분석해 다양한 차원에서 가격 책정 전략을 수립할 수 있다.

인스타그래머블 아이템 장착

현재 우리 사회에서 소셜 미디어는 일상생활의 일부로 자리 잡았다. 인스타그램에 독특한 패션 아이템을 소개하거나 뷰티 제품을 소개하는 것은 보편적인 일이다. 이러한 맥락에서 '인스타그래머블(instagramable)'이라는 신조어가 탄생했다. 이는 인스타그램에 공유할 수 있을 만큼 매력적이고 독특한 것을 의미한다(최명화 · 김보라, 2020).

최근에는 독특한 디자인과 이색적인 색상 조합을 특징으로 하는 패션 아이템이 많은 관심을 받고 있다. 이는 사람들이 옷을 단순히 입는 것이 아니라 표현하는 수단으로 인식하게 되었기 때문이다. 이런 패션 아이템을 착용하고 이를 사진으로 기록해 소셜 미디어에 공유하는 행위는 이제 일상적인 문화로 자리 잡았다. 인스타그램에 게시한 이미지에 '좋아요'나 긍정적인 댓글이 달리면 타인의 인정을 받았다는 뿌듯함을 얻기도 한다. 이처럼 인스타그래머블한 뷰티나 패션 아이템은 사람들의 인정 욕구를 충족하는 데 도움이 된다.

이러한 변화에 맞춰 뷰티나 패션 마케팅의 전략도 빠르게 진화하고 있다. 소비자의 트렌드와 취향이 빠르게 변하기 때문에 패션 컬렉션의 공개 주기도 빨라지고 있다. 디자이너들은 제품이 광고나 SNS에 잘 노출되도록 시각적 임팩트와 디테일에 더욱 집중하고 있다. 제품에 브랜드 상징을 반영하거나 독특한 디자인 요소를 강조하는 전략은 이러한 시장의 특성에 맞춘 마케팅 활동의 일부라 할 수 있다.

바운더리레스 마케팅

바운더리레스 마케팅(boundaryless marketing)은 공간, 산업, 문화 등의 경계를 허물고, 소비자 중심의 흐름에 맞춰 일관된 경험과 정체성을 제공하는 전략을 핵심으로 하는 마케팅 기법이다. 기술의 발전, 글로벌화, 소비자 트렌드의 변화는 기업이 시장을 바라보는 시각에도 변화를 가져왔고, 이런 배경에서 바운더리레스 마케팅이 등장하게 되었다. 기업은 이러한 접근법을 통해 새로운 시장을 공략할 수 있다(전혜진, 2017).

예를 들어, 뷰티 업계에서는 증강 현실 기술을 통해 메이크업 체험 프로그램을 운영함으로써 소비자가 다양한 색상 가운데 본인에게 가장 어울리는 제품을 가상으로 미리 체험해 볼 수 있다. 뷰티 아이템에 기술을 접목한 새로운 마케팅 프로그램이라 할 수 있다. 패션 업계에서도 스마트 기능을 포함해 IT 기술을 접목한 의류를 내놓고 있다.

이처럼 기존의 사고 틀을 벗어나 제품의 경계를 구분하지 않고 다양한 영역을 넘나드는 마케팅은 브랜드에게는 새로운 시장을 개척할 수 있는 혁신과 성장의 기회를, 소비자에게는 차별화된 경험과 가치를 제공한다는 점에서 매우 의미 있는 전략이라 할 수 있다(김민지, 2024).

소비자 관점의 마케팅 포인트

뷰티 및 패션을 즐기는 소비자와의 인터뷰에서는 '철학'이라는 단어와 '인플루언서'에 대한 이야기가 눈에 띈다.

패션에도 철학이 묻어나야 한다

우리가 인터뷰했던 한 소비자는 아웃도어 브랜드 파타고니아의 마니아였다. 단순히 브랜드를 좋아하는 것을 넘어 특별한 애착을 가지고 있다고 했다. 그에 따르면, 파타고니아는 처음부터 스토리가 있었고, 환경을 생각하는 독특한 철학을 바탕으로 성장해 왔다고 한다. 디자인 면에서 다른 브랜드에 비해 월등히 우월하다고는 할 수 없지만, 다른 브랜드에서는 찾아볼 수 없는 독특한 철학과 뚝심이 자신을 사로잡았다는 것이다. 이후 뷰티 제품을 구매할 때도 비건 제품인가를 먼저 따져 보고 선택한다고 한다.

오늘날 소비자에게 뷰티와 패션 제품은 자신을 표현하는 수단이 되었기 때문에 제품이나 브랜드를 소비하는 것은 사회 구성원으로서의 책임을 표현하는 방법이다. 이런 철학을 가진 소비자들에게 패션이나 뷰티 제품은 입고 바르는 행위 이상의 의미를 제공해 줄 수 있어야 한다.

인플루언서의 평이 구매를 좌우한다

뷰티 제품 소비자들을 대상으로 한 인터뷰 내용을 살펴보면, 유독 인플루언서에 대한 이야기가 자주 등장한다. 한 소비자는 평소 신뢰하고 자주 소통하는 인플루언서의 후기가 뷰티 제품의 선택에 많은 영향을 미친다고 응답했다. 일단 인플루언서의 사용 후기가 좋은 브랜드는 기회가 될 때마다 체험해 보고 실제로 구매로 이어지는 경우가 많다는 것이다. 반대로 인플루언서가 부정적으로 언급한 브랜드는 구매를 꺼리게 된다고 한다.

이들은 기본적으로 인플루언서들이 뷰티 제품에서만큼은 전문 지식과 풍부한 경험을 갖추고 있다고 인식하고 있었다. 인플루언서들이 일상생활을 공개하는 과정에서 특정 브랜드를 노출하고 이를 권하면 그 브랜드를 신뢰하고 구매하게 되는 것이다.

따라서 뷰티 브랜드는 효과적인 입소문 마케팅을 위해 오피니언 리더 역할을 수행하는 인플루언서들의 제품평 스타일을 분석하고, 자사 브랜드의 이미지와 가장 적합한 인플루언서 리스트를 마련할 필요가 있다.

참고문헌

김다윤(2019). 프리미엄 브랜드 전략 (P). ≪디지털 인사이트≫, https://ditoday.com/%ed%94%84%eb%a6%ac%eb%af%b8%ec%97%84-%eb%b8%8c%eb%9e%9c%eb%93%9c-%ec%a0%84%eb%9e%b5-p/

김민지(2024.9.5). “미래엔 디스플레이를 입는다?” LGD, 서울패션위크서 ‘스트레처블 디스플레이’ 공개. ≪헤럴드경제≫, https://biz.heraldcorp.com/article/3468292

김세화(2024). 초개인화 시대, 디지털 기술 주도 화장품 마케팅 ‘혁신’

활발. ≪코스인코리아≫, https://www.cosinkorea.com/news/article.html?no=53794

김숙진 · 안서영(2018). 성인여성의 자아존중감이 국내 TV 홈쇼핑 뷰티상품 구매행동에 관한 연구. ≪기초조형학연구≫, 19(2), 71-84쪽.

김혜경(2012). 한국 전통의상의 미적 가치에 대한 고찰. 전통문화연구.

이학식 외(2024). 『소비자 행동』. 집현재.

이향은(2021). 매(賣)장에서 매(魅)장으로, 리테일 테라피. ≪제일매거진≫, https://magazine.cheil.com/50368

전성찬 · 윤지영 · 김현주(2018). 패션 컬래버레이션 유형에 따른 소비자 소비심리 분석. ≪기초조형학연구≫, 19(6), 669-692쪽.

전혜진(2017.2.10). [트렌드100-19] "K패션의 미래와 소통하는 남자" 한국패션협회 이현학 팀장. ≪스포츠조선≫, https://sports.chosun.com/entertainment/2017-02-22/201702230100197590013945#_enliple

최명화 · 김보라(2020). 『지금 팔리는 것들의 비밀』. 리더스북.

Atalay, A. S. & Meloy, M. G.(2011). Retail Therapy: A Strategic Effort to Improve Mood. *Psychology & Marketing, 28*(6), pp.638-659.

Etcoff, N.(1999). *Survival of the prettiest: The science of beauty.* Doubleday.

08

OTT 마케팅

OTT 플랫폼은 시청자들이 흥미를 가질 수 있는 콘텐츠를 제공함으로써 활발한 마케팅을 펼치고 있다. 드라마나 오락 프로그램 등의 제작, 촬영, 방영의 이슈가 있을 때마다 연일 언론의 관심을 받고 있다. 스마트폰 보급률의 증가와 초고속 인터넷을 통한 접근성 향상은 OTT 시장의 성장을 이끄는 핵심 동력으로 작용하고 있다.

OTT

OTT(over-the-top)는 기존의 방송망이나 특정한 네트워크에 종속되지 않고, 인터넷만 연결되면 동영상을 이용할 수 있는 서비스를 말한다. 다양한 디바이스를 통해 실시간 방송을 포함한 동영상 콘텐츠를 제공하는 서비스를 총칭하는 개념이다(이세연 · 김상현, 2021). 원래 OTT는 TV 상단에 연결해 콘텐츠를 재생하는 '셋톱 박스'를 의미했지만, 현재는 단말기의 종류에 상관없이 인터넷을 통해 제공되는 동영상 콘텐츠 서비스로 정의되며, 다양한 비즈니스 모델을 통해 사업화가 활발히 진행되고 있다(황성기, 2017). 전통적인 TV 송출 방식이 아닌 디지털 플랫폼 중심으로 미디어의 소비 패턴의 전형을 보여 준다고 할 수 있다(Statista, 2023).

OTT 시장은 사용자가 시간과 장소의 제약 없이 자유롭게 소비할 수 있다는 유연성 덕분에 지속적인 성장세를 보이고 있다. 2024년 전 세계 OTT 시장의 수익은 약 3164억 달러에 이를 것으로 전망된다. 이후 2029년까지 연평균 성장률(compound annual growth rate: CAGR)은 6.98%를 달성할 것이고, 2029년에는 시장 규모가 약 4433억 달러에 이를 것으로 전망된다(Statista, 2023).

OTT 플랫폼들은 시청자들의 흥미를 끌 만한 콘텐츠를

중심으로 활발한 마케팅을 전개하고 있다. 특히 드라마나 오락 프로그램 등의 제작, 촬영, 방영과 관련한 이슈로 연일 언론의 관심을 받고 있다. 스마트폰 보급률 증가와 초고속 인터넷을 통한 접근성 향상은 OTT 시장의 성장을 이끄는 핵심 동력으로 작용하고 있다. OTT 플랫폼이 성장하고 경쟁이 심화함에 따라 업체별 마케팅 전략도 다양해지고 있다. OTT 마케팅은 구독자를 지속적으로 늘리고 경쟁에서 차별화를 이루기 위해 고객 개인화, 콘텐츠 중심 전략, 현지화 전략, 수익 창출 모델 개발 등의 다양한 전략을 펼치고 있다.

OTT 플랫폼 브랜드들은 지금 OTT 2.0 시대를 대비하고 있다. OTT 1.0 시대는 새로운 온라인 콘텐츠 스트리밍 시대를 열었으며, 구독 경제의 가능성, 시청자의 시청 선택권 획득 등으로 설명된다. 이에 반해 OTT 2.0 시대는 차세대 광고 · 미디어 플랫폼으로의 진화가 핵심 특징이다(김경탁, 2024).

새로운 비즈니스 모델로 광고가 주목받고 있다. 기존의 구독료 기반 수익 구조에서 벗어나 다채로운 광고 집행을 통해 새로운 수익 모델을 개발하고 있다. 플랫폼 간 경쟁 속에서도 과감한 협업을 통해 수익 모델의 창출 가능성을 모색하는 사례도 늘고 있다. 무료 광고 기반의 동영상 스트리밍(free ad-supported streaming television: FAST) 서비스의 본격화도 주목할 만한 현상이다. 광고를 시청하면 콘텐츠를 볼 수 있는 서비스는 현재 OTT 구독료에 부담을 느끼는 소비자들에게 매력적인 대안이 될 수 있다(김우정, 2023).

OTT 2.0 시대에 눈여겨봐야 할 또 다른 변화는 OTT에 담는 콘텐츠 영역의 지속적인 확장이다. 영화, 드라마, 오락이 OTT 1.0 시대의 주요 콘텐츠였다면, OTT2.0 시대는 스포츠, 뉴스, 공연 실황 등 다양한 즐길 거리를 포괄한다(글로벌이코노믹, 2024). 이러한 콘텐츠의 다양화는 기존 이용자의 이탈을 방지하는 동시에 새로운 이용자를 유입하는 효과적인 전략이다. OTT 플랫폼 간 경쟁이 갈수록 치열해지는 상황에서 콘텐츠의 다변화는 플랫폼 생존의 핵심 요소로 부각되고 있다.

OTT 플랫폼은 온라인 동영상 서비스인 숏폼 콘텐츠와도 치열한 경쟁을 해야 하는 상황에 직면해 있다. 시간의 여유를 가지고 있는 사용자층을 타깃으로 OTT 플랫폼과 숏폼 콘텐츠가 치열한 경쟁을 벌이고 있는 것이다. 최근 숏폼 드라마가 급부상하면서 이용자 수가 빠르게 증가하고 있다. 이에 따라 OTT 플랫폼은 콘텐츠의 차별성을 확보하기 위해 제작비, 출연진, 연출진 구성에서부터 독창적인 스토리라인에 이르기까지 다방면의 고민을 하게 된다. 결국, 시청자들에게 재미, 참신함, 몰입감을 제공하는 콘텐츠를 얼마나 잘 구현해 내는가가 경쟁력의 핵심이다.

OTT에 관심 있는 소비자의 심리

포모와 OTT

포모(FOMO: fear of missing out)는 현대인의 심리를 가리키는 용어로, 무언가를 놓치는 것에 대한 두려움을 의미한다. 1996년 마케팅 전략가 댄 허먼(Dan Herman) 박사가 처음 제시했다. 포모는 소셜 미디어의 등장과 동시에 널리 알려졌다. 타인이 자신보다 더 흥미롭거나 유익한 경험을 하고 있다고 느낄 때 발생하는 심리적 두려움의 상태를 의미한다(단비뉴스, 2024).

OTT 플랫폼사들은 독점 콘텐츠를 제작하고, 이를 홍보하는 과정에서 소비자들에게 '반드시 봐야 하는', '절대로 놓쳐서는 안 되는', '타인과의 대화에서 꼭 언급되어야 할 주제'라는 인식을 심어 주며 일종의 사회적 압박감을 조성한다(Deloitte, 2021). 최근 넷플릭스를 통해 화제가 된 〈흑백요리사〉는 단기간에 많은 사람의 관심을 끌었고, 출연진과 프로그램 내용이 다른 방송사나 잡지사 등에 많이 언급되었다(지동현, 2024). 또한 출연진이 다양한 프로그램에 출연했는데, 넷플릭스를 보지 않은 시청자는 이해하지 못할 대화를 나누는 일도 많았다. 이렇듯 OTT 콘텐츠사들은 특정 콘텐츠의 공개를 제한하거나, 시즌별로 나누어 순차적으로 공개함으로써 콘텐츠에 대한 기대감을 높이는 전략을 구사하고 있다.

구독과 인지 부조화 현상

OTT 서비스는 대부분 SVOD(subscription video on demand) 모델을 채택하고 있는데, 이는 사용자가 매월 일정 금액을 지불하고 콘텐츠를 무제한으로 시청하는 방식이다(유건식, 2024). 따라서 OTT는 구독 경제를 대표하는 형태라 할 수 있다. 이러한 소비자 구독 행태는 인지 부조화(cognitive dissonance theory) 이론과 접목해 설명할 수 있다. 인지 부조화 이론은 사람들이 행동과 태도 간의 불일치를 느낄 때, 불편함을 줄이기 위해 태도나 행동을 바꾸려 한다는 내용을 담고 있다(문혜리 · 송지희, 2018).

OTT 구독료를 지불한 사용자는 금액을 지불한 데 대한 심리적 부담을 줄이기 위해 OTT 시청을 열심히 하게 된다. 이는 이미 소비된 비용을 정당화하기 위한 심리적 반응이라 할 수 있다. 만일 사용자가 콘텐츠 구독료를 지불

했는데, 그에 상응하는 시청을 하지 못했다면 불필요하게 구독료를 낭비한 것이 되므로 심리적 불편함이 발생할 수 있다.

OTT 플랫폼사는 이런 소비자들의 낭비에 대한 불편한 감정을 최소화하기 위해 알고리즘 추천 서비스를 제공하고 있다. 개인화된 추천 알고리즘 서비스는 소비자가 콘텐츠를 선택하는 과정을 간소화하고 '잘못 구매했다', '시간을 낭비했다'는 인지 부조화를 최소화하도록 한다.

몰입과 빈지워칭

OTT 플랫폼의 강점은 흥미로운 콘텐츠를 다음 회까지 기다리지 않고 연속해서 시청할 수 있다는 것이다. 전통적인 TV 드라마나 오락 프로그램은 한 주에 1~2회를 시청할 수 있도록 편성되어 있다. 그러나 OTT는 한 번에 7~8편의 내용을 한꺼번에 볼 수 있도록 제공한다.

이처럼 여러 편의 콘텐츠를 연속적으로 몰아 보는 현상을 빈지워칭(binge-watching)이라고 하는데, 이는 시청자의 몰입도를 높이는 데 중요한 역할을 한다. 이러한 몰입을 서사적 몰입(narrative immersion)이라고 한다. 멜라니 그린(Melanie Green)과 티모시 브록(Timothy Brock)은 사람들이 특정 서사에 감정적으로 연결될 때 몰입이 발생하고 이는 이야기의 흥미도와 설득력을 더욱 강화한다고 설명한다(Green & Brock, 2000).

OTT 플랫폼들의 마케팅 포인트

번들링 마케팅

OTT 플랫폼 간의 경쟁이 치열해지면서 기존의 요금제와는 차별화된 다양한 마케팅 전략이 등장하고 있다. 그중 눈에 띄는 전략이 번들링 마케팅(bundling marketing)이다. 번들링 마케팅은 두 가지 이상의 제품이나 서비스를 하나의 패키지로 묶어 소비자에게 각각의 품목을 개별 구매하는 것보다 훨씬 저렴한 가격으로 제공하는 방식의 마케팅 기법이다.

번들링 마케팅을 활용하는 이유는 파트너십을 맺은 모든 회사가 기존의 고객을 유지하는 동시에 새롭게 고객을 유치함으로써 수익 증대를 기대할 수 있기 때문이다. 우리나라의 경우, 이동 통신 3사가 OTT와 통신 요금제를 결합한 상품을 다수 출시했으며, 최근에는 토종 OTT, 포털 사이트와 파트너십을 체결해 번들링 마케팅을 전개하고 있다. 이는 1인당 평균 2개 이상의 OTT를 구독할 정도로 수요가 큰 국내 시장에서 윈윈 전략을 펼쳐 매출을 극대화하려는 시도로 해석할 수 있다(한수연, 2024).

데이터베이스에 기반한 콘텐츠 큐레이션

OTT 플랫폼사들은 시청자들의 시청 패턴을 데이터베이스화해 이를 기반으로 개인에게 최적화된 콘텐츠 추천 시스템, 즉 콘텐츠 큐레이션 전략을 전개하고 있다. 시청 기록, 검색 이력, 평가 등을 분석해서 시청자들이 선호 경향에 부합하는 장르와 콘텐츠를 선별적으로 제공한다.

넷플릭스는 시청 패턴이 유사한 시청자들을 하나의 군집으로 분류하고 이들의 데이터를 기반으로 큐레이션을 하는 협업 필터링(collaborative filtering), 장르나 배우, 줄거리 등을 분석해 유사한 콘텐츠를 추천하는 내용 기반 필터링(content-based filtering), 그리고 이 두 방식을 결합한 하이브리드 추천 시스템(hybrid recommendation system)을 적용하고 있다(인프런, 2021). 추천 알고리즘에는 미리 보기 기능도 있어서 시청자들의 호기심을 자극하고 콘텐츠에 대한 몰입감도 높일 수 있다는 장점이 있다.

현지화 전략

OTT 플랫폼들은 글로벌 시장을 겨냥한 콘텐츠를 제공하는 동시에 국가별 시장 환경에 적합한 현지화 전략을 채택하고 있다. 콘텐츠를 기획하고 제작하는 과정에서 각 지역의 특성을 반영해 사용자 경험 만족도를 극대화하려는 전략적 접근이다.

OTT 플랫폼들은 동일한 콘텐츠에도 다양한 언어의 자막과 더빙 서비스를 제공하고 있다. 이는 언어의 장벽을 없애고 사용자의 접근성을 높이는 전략이라 할 수 있다. 또한 특정 지역의 콘텐츠 제작에 투자를 확대하고 있다. 로컬 콘텐츠에 투자해 글로벌 소비자의 취향을 저격하는 전략을 선택한 것이다. 예를 들어, 넷플릭스는 한국 드라마 〈오징어 게임〉에 투자하고, 이 콘텐츠를 글로벌 시청자들이 소비하도록 유도하고 있다(Iwabuchi, 2010).

소비자 관점의 마케팅 포인트

OTT 서비스를 이용하는 소비자를 대상으로 한 인터뷰에서 눈에 띄는 키워드는 '심플한 로고송'과 '숙제처럼 봐야 하는 시리즈물'이었다.

심플한 로고송에 기대감이 커진다

OTT 서비스 이용자를 대상으로 진행한 인터뷰에서 주목할 만한 키워드는 로고송이 주는 임팩트가 크다는 것이었다. 인터뷰에서 언급했던 내용을 그대로 인용하면 다음과 같다. "넷플릭스가 시작할 때 검은 바탕에 붉은색의 'N'자 로고가 보이면서 '타둠(Ta-dum)'이라는 소리가 들리면 긴장이 되면서 어떤 내용일지에 대한 기대감이 매우 커진다. 생각해 보면 'N' 자 로고나 로고송은 너무나 심플한데 이걸 언급하는 지금 순간에도 넷플릭스에 들어가서 내가 봐야 할 콘텐츠들이 마치 화면처럼 리스트업이 된다."

실제로 이 효과음은 넷플릭스를 상징하는 요소로 자리 잡았다. 넷플릭스의 공식 사이트명인 'TUDUM'도 이 효과음에서 파생한 명칭이다. 해당 사이트에서 출연자들의 인터뷰나 보너스 영상 등을 보고 나면 해당 콘텐츠를 더 열심히 관람하게 되고, 넷플릭스에 매달 내는 이용료에 대한 부담도 줄어든다고 언급했다.

이 인터뷰에서 주목해야 할 것은 로고송이나 심벌 등이 보조적인 커뮤니케이션 수단으로 인식될 수 있으나, 장기적으로는 브랜드의 개성을 만들고 소비자와의 유대감을 형성하는 데 매우 효과적인 브랜드 구성 요소라는 점이다.

숙제처럼 봐야 하는 시리즈물

OTT 서비스를 이용하는 소비자들이 플랫폼을 지속적으

로 이용하는 이유는 드라마나 오락 프로그램이 시리즈로 제작되어 서사 구조가 연속성을 가지기 때문이라고 한다. 인터뷰에 응한 OTT 이용자는 마블 영화의 팬으로, 디즈니 플러스 서비스를 통해 드라마를 시청한다고 밝혔다. 마블의 세계관은 계속 확장하고 있고, 영화와 드라마의 스토리와 캐릭터가 서로 유기적으로 연결되어 있어서 마블의 작품들을 온전히 즐기려면 다양한 콘텐츠를 모두 봐야 한다는 것이다. 해당 이용자는 "약간의 숙제 같은 느낌으로 OTT를 보고 있다"고 표현했다.

더불어 시리즈물은 다음 시즌을 기대할 수 있도록 끝부분에 긴장감과 호기심을 높이는 클리프행어를 배치한다. 이는 다음 시즌에 대한 기대감을 유도하고, 궁극적으로는 플랫폼 이탈을 방지하는 효과적인 전략으로 작용한다. OTT 서비스에서 중요한 것은 새로운 이용자의 유치도 있지만 기존 이용자를 유지하는 것이다. 따라서 OTT 플랫폼은 이용자를 유지할 수 있는 기본 전략으로 클리프행어 기법을 필수적으로 고려하고 있다.

참고문헌

글로벌이코노믹(2024.5.22). OTT 플랫폼 '캐스트박스', 日 '드라곤세븐' 투자유치.

https://www.g-enews.com/ko-kr/news/article/news_all/2024052209274742693b60030fa2_1/article.html
김경탁(2024.11.28). 2025년 광고시장 완만 성장…내수 부진 완화 기대. ≪The PR≫, https://www.the-pr.co.kr/news/articleView.html?idxno=52493
김우정(2023). OTT2.0 시대, 가성비 넘어 '시성비'경쟁으로. ≪요즘IT≫, https://yozm.wishket.com/magazine/detail/2356/
단비뉴스(2024.11.20). 포모(FOMO). https://www.danbinews.com/news/articleView.html?idxno=28127
디지털데일리(2021.12.31). D데이] 2012.12.31…"굿바이 아날로그, 헬로우 디지털", https://www.ddaily.co.kr/page/view/202112310947289147 9
문혜리 · 송지희(2018). 소비자들은 왜 구매 이후에도 정보를 탐색할까?-소비자들의 인지통제 욕구 및 능력통제 욕구를 중심으로. ≪마케팅관리연구≫, 23(1), 111쪽-126쪽.
유건식(2024. 1. 12.). 흑자 전환 노리는 OTT, 비즈니스 모델 변화 예고. ≪PD저널≫, https://www.pdjournal.com/news/articleView.html?idxno=75631
이세연 · 김상헌(2021). OTT 서비스의 발전방향에 관한 연구. ≪글로벌문화콘텐츠학회 학술대회자료집≫, 92-97쪽.
인프런(2021). https://www.inflearn.com
지동현(2024.10.14). 글로벌 인기 후끈…외신도 주목 "한국 여행해야 할 이유" [흑백요리사의 파급효과]. ≪스포츠월드≫, https://www.sportsworldi.com/newsView/2024101451871

6
한수연(2024.12.1). 플랫폼 시장 대세 된 OTT 번들링…왜?. ≪비즈워치≫, https://news.bizwatch.co.kr/article/mobile/2024/11/29/0043

황성기(2017). OTT 서비스 규제기준에 관한 연구: 내용적 규제를 중심으로. ≪법학논총≫, 34(1), 1-25쪽.

Deloitte(2021). Digital Media Trends Survey, 15th Edition. Deloitte Insights.

Green, M. C. & Brock, T. C.(2000). The role of transportation in the persuasiveness of public narratives. *Journal of Personality and Social Psychology, 79*(5), pp.701-721.

Iwabuchi, K.(2010). Globalization, cultural hybridization, and localization strategies in media distribution. *Journal of Media Economics.*

Statista(2023). OTT Video Revenue Worldwide. https://www.statista.com/outlook/dmo/digital-media/video/ott-video/worldwide

09

출판 마케팅

출판 마케팅은 책의 기획, 제작, 판매 등 전반적인 과정을 효과적으로 관리하기 위한 전략 차원에서 논의되기 시작했다. 다른 분야와 마찬가지로 출판업계도 새로운 미디어 환경과 소비 환경에 적응하고 이를 선제적으로 활용하는 방안을 모색하고 있다. 인터넷을 통해 책을 구매하고, 전자책 형태로 책을 보며, 독자들과 직접 소통하는 것이 중요해진 현시점에서 출판업계는 이런 변화에 맞춰 소비자 맞춤 출판 서비스 마케팅을 본격적으로 전개하고 있다.

출판

인간의 역사에서 기록은 매우 중요한 의미를 지니며, 그 기록의 역사에서 책은 핵심적인 역할을 수행해 왔다. 인간의 역사는 기록의 역사이고, 지식과 문화를 전달하고 새로운 사회적 변화를 촉진하는 수단으로 기능해 왔다. 고대부터 현재까지 책은 그 형태만 달리할 뿐 인류의 발전에 항상 함께했다. 일찍이 책은 문명의 기초를 다지고 역사를 기록하는 도구였으며, 빠르게 변화하는 현재에는 지식 네트워크를 구성하는 중심 매체로 그 위상을 이어 오고 있다. 개인의 지식 축적과 자아 정립, 사회적 교류와 문화적 정체성 형성 등 다양한 차원에서 책이 차지하는 역할은 매우 중요하다.

오늘날 출판되는 책의 양은 방대하다. 한국출판문화산업진흥원이 발표한 자료에 따르면, 교보문고, 영풍문고, 알라딘, 예스24의 입고 도서 목록과 국립중앙도서관의 납본 도서 목록을 취합하여 정리한 2023년 상반기 신간 도서 발행 종수는 총 4만1091종으로(표지훈, 2024), 하루 기준으로 단순 계산하면 평균 225권이다. 하루에 200권이 넘는 새로운 지식, 이야기, 역사, 정보가 쏟아지고 있는 것이다.

출판 마케팅은 출판 산업이 본격적인 성장 국면에 접어

들고 경쟁이 심화되면서 책의 기획, 제작, 판매 등의 전반적인 과정을 효과적으로 관리하기 위한 목적으로 논의되기 시작했다. 다른 분야와 마찬가지로 출판업계도 새로운 미디어 환경과 소비 환경에 적응하고 이를 선제적으로 활용하는 방안을 고민하고 있다. 인터넷을 통해 책을 구매하고, 전자책으로 책을 보며, 독자들과 직접적으로 소통하는 것이 중요해진 출판업계의 변화에 맞춰 소비자 맞춤 출판 서비스 마케팅이 본격화된 것이다.

다른 영역과 마찬가지로 출판 마케팅에서 AI의 영향력은 매우 크다고 할 수 있다. 독자의 구매 이력이나 선호 주제, 이전 검색 기록 등을 바탕으로 AI는 관련 도서를 지속적으로 추천하며 개인화된 독서 경험을 제공하고 있다. 이는 유튜브 등 영상 플랫폼에서 사용하는 알고리즘과 유사한 방식으로, 특정 독자의 취향과 성향에 최적화된 콘텐츠를 끊임없이 제안함으로써 소비자의 선택을 유도하는 방식이라 할 수 있다.

책을 소비하는 소비자의 심리

자기반성과 자기 계발 심리

사람들이 책을 읽는 이유는 매우 다양하다. 그중 책을 읽는 사람들의 심리를 좀 더 들여다보면 자기 계발 욕구와 자기반성의 기제가 함께 작용하고 있다. 사람들은 여러 사람과 함께 생활하고 다양한 미디어에 노출될수록 자신의 능력과 한계를 인식하게 된다. 이러한 인식은 좌절감을 야기하기도 하지만, 더 나은 사람으로 성장하려는 성장 동력이 되기도 한다. 자신의 한계를 인식하는 순간 현실에서 자신이 수행할 수 있는 것과 그렇지 않은 일을 구분하게 된다. 또한 자신의 한계를 인식하면서 스스로의 부족함을 느끼고 더 나은 자신으로 성장하려고 한다. 우리는 대체로 자신이 이미 알고 있는 것을 확인하기 위해 책을 읽기보다 지금보다 더 많은 정보와 지식을 얻거나, 감정적으로 표현하지 못하는 새로운 감정에 감동하기 위해 책을 선택한다. 지식과 감정의 확장의 역할을 책이 수행하고 있는 것이다(김혜영, 2009).

지적 호기심

인간의 역사가 지속적으로 발전할 수 있는 이유는 인간이 가지고 있는 지적 호기심이 크기 때문이다. 이러한 호기심을 가지고 있는 사람들이 개발한 아이템이 인간의 삶을 좀 더 편하고 윤택하게 만든다. 심리학적 관점에서 책을 읽는 사람들의 심리는 인지적 동기(cognitive motivation)

로 설명된다. 인지적 동기는 자신이 알고 있는 지식을 넘어 새로운 정보를 탐색하는 동기를 말하는데, 독서를 통해 지식을 확장하는 것, 창의력을 키우는 것, 현실적인 문제를 해결하는 것 등의 효과로 설명된다(강진희 · 김기영, 2021).

인간의 역사를 바꾼 책은 매우 많다. 1859년 찰스 다윈의 『종의 기원』은 생물학과 자연과학에 혁명을, 1689년 영국과 1791년 미국에서 제정되어 문서화된 『권리 장전』은 개인의 기본 권리와 자유에 대한 혁명을 이끌었다. 이 같은 책은 특정 분야에서 사람들이 사고하는 방식과 행동에 많은 변화를 이끌어 냈다는 평가를 받는다. 결국 이런 변화는 인간의 끊임없는 인지적 동기가 자극되었기에 가능했다고 할 수 있다.

출판 마케팅에서 책의 제목과 추천사가 중요한 이유는 이러한 사람들의 지적 호기심 또는 인지적 동기를 자극할 수 있기 때문이다. 수많은 책 중에서 자신의 호기심을 자극하는 책을 선택하는 것이고, 자신의 경험을 다른 사람들과 나누는 것을 사람들이 매우 즐긴다는 점은 마케팅에서 반드시 헤아려야 하는 소비자들의 특징이라 할 수 있다.

베스트셀러와 밴드 웨건 효과

우리가 책을 고르고 책에 관한 이야기를 할 때 흔히 쓰는 표현이 베스트셀러다. 베스트셀러는 꼭 책에 국한되어 이야기되는 것은 아니지만 흔히 높은 판매 성과를 보여 주고 사람들이 많은 관심을 보이는 책을 베스트셀러 도서라고 이야기한다. 여기서 핵심은 '많은 사람이 선택한 책'이라는 베스트셀러의 핵심 콘셉트다.

밴드 웨건(band wagon) 효과는 타인이 특정 제품이나 서비스 또는 이슈에 대해 '인기가 있다' 또는 '호응이 좋다'는 사실을 알게 되면 나도 참여하고자 하는 욕구가 발생하는 것을 말한다. 이 현상은 군중 심리와도 연관이 있으며, 내가 하고자 하는 일에 대한 동기로도 작용하게 된다(나종호, 2024). '대중이 선택했다'는 의식은 '나도 저 사람들 무리에 포함되어야 할 것 같다'는 심리를 끌어낸다. 자신만의 취향과 가치관이 있음에도 불구하고 다른 사람들이 많이 구매한 책은 나도 읽어 봐야 하고, 나도 읽었다는 것을 표현해야 할 것 같은 느낌이 드는 것이다.

베스트셀러 도서는 최소한 책을 잘못 구매한 데서 오는 실망감을 줄여 주는 효과가 있다. 많은 사람이 봤다는 것은 그만큼 내용이 좋고, 나에게 도움이 될 것이고, 가치가 있는 것으로 생각하기 때문이다. 아이러니하게도 일단 일정 수준의 성과를 보이는 베스트셀러가 되면 밴드 왜건 효과로 인해 더 많은 소비자가 그 책을 구매하고, 결과적으로 책의 매출이 더 늘어나 베스트셀러의 지위가 장기간 지속된다. 따라서 출판 마케팅의 핵심은 이런 베스트셀러를 어떻게 만들고 어떻게 유지하느냐다.

출판업계의 마케팅 포인트

읽는 책에서 듣는 책으로

현재 출판업계는 읽는 책에서 듣는 책으로 변화하고 있다. 오랫동안 책은 눈으로 읽는 것이있다. 그러나 지금의 출판업은 읽는 책에서 듣는 책으로 바뀌었다. 듣는 책이 우리에게 생소한 것은 아니다. 왜냐하면 어린 시절 부모님이 책을 읽어 주시면 내용을 듣고 머릿속으로 상상의 나래를 펼쳤던 기억이 많이 있을 것이기 때문이다.

이러한 변화의 중심에는 기술의 발전, 소비자 취향의 급격한 변화, 새로이 등장한 미디어 플랫폼이 자리하고 있다. 듣는 책을 대표하는 오디오북과 팟캐스트는 우리의 책에 대한 소비 패턴이 변화했으며, 라이프 스타일이 변하고 있음을 보여 준다.

오디오북 시장은 최근 급성장하고 있다. 미국의 2023

년 자료를 기준으로 살펴보면, 오디오북 시장은 2022년과 비교해 10% 이상 성장했으며, 이는 전 세계적인 현상이다(Grand View Research, 2022).

AI 기술이 도서 분야에 적용되면서 오디오북 제작 환경이 획기적으로 개선되었다. 음성 합성 기술을 적용해 전 세계의 언어로 표현할 수 있고, 다양한 스타일의 콘텐츠 제작도 가능해졌다(Yang, 2024). 또한 항상 시간에 쫓기면서 다양한 작업을 한꺼번에 수행하는 멀티태스킹을 선호하는 현대인의 라이프 스타일 변화는 오디오북의 활성화를 견인하는 주요한 원인으로 작용하고 있다.

출판을 위한 크라우드펀딩

현재 출판업계의 형태가 다양해지면서 출판 과정 역시 다양한 특성을 보이고 있다. 특히 출판과 크라우드펀딩 사이의 관련성이 두드러지게 나타나고 있다. 크라우드펀딩은 출판을 위한 자금을 모으고, 독자와의 소통을 통해 책을 제작하는 효과적인 방법으로 자리 잡고 있다.

특히 신예 작가들의 경우 출판사의 문턱을 넘기가 쉽지 않다. 이때 온라인 플랫폼 등을 통해 불특정 다수의 대중에게 자금을 모으는 크라우드펀딩은 책을 낼 여유가 없는 신인 작가들의 등용문으로 활용돼 주목받고 있다. 제작자는 독자에게 기획 중인 책의 개요를 소개하고 투자를 받는다(김시내, 2018).

크라우드펀딩은 책이 출간되기 전에 그 책에 관심을 가진 잠재 독자들의 반응을 미리 확인할 수 있는 유의미한 플랫폼을 제공한다. 이를 통해 작가는 단순히 자금을 모으는 데 그치지 않고, 독자와의 적극적인 소통을 통해 책의 전체적인 분위기나 메시지를 점검할 수 있으며, 세부 내용이나 구성, 심지어 표지 디자인 같은 시각적 요소까지 조율할 수 있다. 이러한 과정은 출간 전부터 독자의 의견을 반영함으로써 책에 대한 기대감과 몰입도를 높이고, 최종적으로 보다 완성도 높은 작품으로 발전시킬 수 있는 기회를 마련해 준다.

예컨대, 킥스타터(Kickstarter)와 텀블벅(Tumblbug) 같은 플랫폼은 작가와 후원자(투자자) 사이의 밀접한 소통을 가능하게 한다(Belleflamme et al., 2014). 또한 크라우드펀딩 플랫폼 자체가 소비자들에게 책에 대해 관심을 부여하고 구매로까지 이어지게 하는 강력한 마케팅 채널의 역할을 한다. 프로젝트가 진행되는 동안 다양한 채널을 통해 홍보가 이루어지고, 입소문 효과를 기대할 수 있다(Ordanini et al., 2011).

리뷰 기반의 마케팅

출판 관련 마케팅에서 눈여겨봐야 할 전략은 독자 리뷰를 기반으로 한 활발한 마케팅 전개다. 특정 도서를 읽은 사람들은 구매 페이지에 리뷰를 남기거나 자신의 SNS에 독후감과 책에 대한 평가를 공유하는 경향이 있다. 이렇게 점수나 별표 등의 콘텐츠는 예비 독자들의 도서 구매에 중요한 역할을 한다.

리뷰에 기반한 이 마케팅은 출판업계에서는 독자들의 신뢰를 확보하고 구매로까지 이어지게 하는 중요한 역할을 하는 것으로 알려져 있다. 독자 리뷰는 입소문 효과를 촉진하고, 도서를 구매해도 될 만하다는 품질 보장의 역할을 한다.

소비자 관점의 마케팅 포인트

도서 출판에 대한 소비자 인터뷰에서 눈에 띄는 내용은 책 커버가 중요하다는 것과, 한 줄 평이 책 선택을 좌우한다는 것이다.

수만 권의 책 속에서 내가 선택하는 기준은 책 커버

소비자의 눈길을 사로잡는 책 표지 디자인은 구매 결정에 큰 영향을 미치는 중요한 요소다. 표지 디자인은 단순히 시각적 장식이 아니라 책의 분위기와 내용을 직관적으로 전달해 주며, 소비자가 판단할 수 있는 중요한 기준이 된다. 특히 여러 권의 책을 한꺼번에 구매할 때는 표지가 더 강력한 구매 포인트로 작용한다는 점을 인터뷰를 통해 확인할 수 있었다. 또한 책 제목은 첫눈에 소비자의 관심을 끌어야 하며, 뒤표지에 실린 추천사나 추천인의 이름은 책의 신뢰성을 높이고 다른 사람들의 보증을 확인할 수 있는 기준으로 긍정적으로 평가된다. 이는 광고에서 카피 문구가 중요한 것처럼, 책의 제목과 그 위아래에 붙는 부연 설명이 구매 여부를 결정하는 핵심 메시지 역할을 한다는 것을 의미한다. 따라서 수많은 책 중에서 소비자에게 '이 책은 꼭 봐야 한다'는 확신을 주려면 표지 디자인, 제목, 추천사 등이 책의 핵심 내용과 연관성을 가지면서도 전략적으로 설계되어야 한다.

한 줄 평이 책의 선택을 좌우한다

소비자들이 책을 선택할 때 중요한 요인 중 하나는 이미 책을 읽은 다른 사람들의 한 줄 평이다. 요즘 한 줄 평은 소셜 미디어에서 쉽게 접할 수 있는 정보로, 간결하면서도 핵심을 담은 짧은 문구들이 바이럴되며 빠르게 확산하고 있다. 현대의 소비자들은 긴 리뷰를 읽을 시간적 여유가 부족하기 때문에, 여러 개의 한 줄 평만 읽어도 나에게 맞는 책인지 아닌지를 판단할 수 있다고 여긴다. 오히려 책과 관련된 정보가 지나치게 많으면 선택하기가 어려워 구매를 포기하는 경우도 종종 발생한다. 이런 점에서 한 줄 평은 책에 대한 간단명료한 가이드를 제공함으로써, 소비자들이 좀 더 쉽게 도서를 선택하고 구매 결정을 내릴 수 있도록 돕는 중요한 역할을 한다.

참고문헌

강진희 · 김기영(2021). 독서교육이 독서에 대한 상황적 흥미와 동기에 미치는 영향 연구: 초등학교 5, 6학년을 중심으로. ≪정보관리학회지≫, 38(1), 113-141쪽.

김시내(2018.6.1). [카드뉴스] 작가가 되고 싶다면? '크라우드 펀딩'을 주목하라!. ≪중도일보≫, https://www.joongdo.co.kr/web/view.php?key=20180601010013499

김혜영(2009). 직장인의 자기계발 동기와 심리적 안녕감의 관계. 연세대학교 대학원 석사 학위 논문.

나종호(2024.8.19). 구매 유도하는 심리마케팅(3). ≪중소기업신문≫, https://www.smedaily.co.kr/news/articleView.html?idxno=300936

표지훈(2024). [KPIPA 출판산업 동향 ①] 2023년 상반기 KPIPA 발행 통계 및 심층 분석. ≪출판N≫, https://nzine.kpipa.or.kr/sub/zoomin.php?ptype=view&id

x=757&code=zoomin&category=

Belleflamme, P., Lambert, T., & Schwienbacher, A.(2014). Crowdfunding: Tapping the right crowd. *Journal of Business Venturing, 29*(5), pp.585-609.

Grand View Research(2022). Audiobooks market size, *Share & Trends Analysis Report*, pp.2023-2030.

Ordanini, A., Miceli, L., Pizzetti, M., & Parasuraman, A.(2011). Crowd-funding: Transforming customers into investors through innovative service platforms. *Journal of Service Management, 22*(4), pp.443-470.

Yang, Y. Q.(2024). How AI is transforming the audiobook industry. *EE Times*, https://www.eetimes.eu/how-ai-is-transforming-the-audio-industry/

10

K-팝 마케팅

K-팝 마케팅은 글로벌 엔터테인먼트 산업 내에서 가장 혁신적이고 효과적인 마케팅 전략의 하나로 평가받고 있다. 현재 K-팝은 전 세계 문화 소비 시장에서 강력한 영향력을 발휘하고 있으며, K-팝을 기점으로 다양한 K-문화 영역이 동반 성장하고 있다.

K-팝

K-팝 마케팅은 글로벌 엔터테인먼트 영역 가운데 가장 혁신적이고 효과적인 마케팅 전략의 하나로 평가받고 있다. 현재 K-팝은 전 세계 문화 소비 시장에서 강력한 영향력을 발휘하고 있으며, K-팝을 기점으로 다양한 K-문화 영역이 동반 성장하고 있다.

1990년대 후반 한국 드라마와 영화가 해외에서 관심을 받기 시작했다. 이에 HOT, 보아와 같은 1세대 아이돌이 일본 시장에 진출해 큰 성공을 거두게 된 것이 K-팝 마케팅의 초석을 다진 일이라 할 수 있다(Shim, 2006). 이후 디지털 플랫폼의 급속한 발전으로 유튜브를 포함한 소셜 미디어가 소통의 주요 채널로 성장하면서 한국 음악을 듣고 관련 정보를 얻고 팬클럽을 운영하는 데 시간이나 장소가 문제가 되지 않게 되었다.

이런 환경하에서 K-팝 산업은 마케팅의 영향력을 매우 강하게 받는다고 할 수 있다. 국내 시장에 국한되지 않고 글로벌 시장으로 확장하기 위해서는 국가별 팬덤의 특성과 수요에 대한 정밀한 시장 분석, 디지털 플랫폼의 적극적인 활용, 부가 가치 창출 전략, 문화적 영향력의 강화 등을 포함한 통합적 마케팅 전략이 필수적이다. 특히 K-팝이 세계적인 문화 현상으로 자리매김할 수 있는가는 마케팅 측면에서 얼마나 전략적이고 체계적인 접근이 이루어지느냐에 달려 있다고 해도 과언이 아니다. 이런 전략적 접근에는 급변하는 소비자 취향의 분석, 아티스트에 대한 팬들의 니즈 파악, 음반 및 굿즈 기획과 홍보, 경쟁 아티스트의 활동 동향 모니터링, 팬 커뮤니티와의 소통 채널 운영, 콘서트 및 이벤트 기획, 브랜드 협업 및 스폰서십 기획 등이 포함된다.

K-팝을 포함한 모든 엔터테인먼트는 브랜딩 과정이 매우 중요하다. K-팝 마케팅의 최신 경향은 디지털 기술의 발전으로 글로벌 팬덤이 확산하고 있고, 이에 맞춰 다양한 아이디어로 진화하고 있다는 것이다. 최근에는 팬덤 경제의 중요성이 강조되면서, 팬들과 아티스트 간의 소통을 강화하고 팬덤 활동을 전문적으로 관리하는 방법에 대한 논의가 활발해지고 있다(김현정, 2020).

K-팝 마케팅은 일반 기업과 마찬가지로 지속 가능성을 높이는 방법, 기술을 활용해 콘텐츠를 업그레이드하는 방법, 글로벌 소셜 미디어를 다양하게 활용하는 방법 등을 더욱 정교하게 발전시키고 있다. 이런 전략은 K-팝이 한국 문화의 범주를 넘어 전 세계 음악 팬들을 포괄하는 글로벌 문화 키워드로 자리 잡는 데 크게 기여하고 있다.

다른 분야의 마케팅과 마찬가지로 새로운 아이돌이 계

속해서 등장하고 있다. 최근에는 특히 버추얼 아이돌이라 불리는, 가상 세계에서 활동하는 신개념 아이돌이 등장해 업계에 신선한 충격을 주고 있다. 이런 새로운 문화 현상은 대중의 큰 관심을 끌며 K-팝의 진화 가능성을 보여 주고 있다.

연예 기획사 SM 엔터테인먼트는 AI 기술을 활용해 만든 가상 캐릭터 '나이비스(naevis)'를 발표하며 큰 주목을 받았다(윤준필, 2024). 나이비스와 같은 버추얼 아이돌은 언어, 시간, 공간의 제약 없이 언제든 팬들이 원하면 만날 수 있다. 또한 인간 아이돌과 달리 노화나 사생활 문제로 인한 리스크가 없으며, 퍼포먼스도 완벽하게 구사할 수 있다.

아이돌이 언제나 내가 원하는 모습으로 활동하고, 내가 원하는 이야기를 해 줄 수 있다면 그와 관련된 응원을 하러 다니거나 팬클럽 활동을 하거나 굿즈를 구매하는 일에 전혀 주저하지 않는 것이다.

예를 들어, 2024년 2월 더현대 서울에서는 버추얼 아이돌그룹 '이세계아이돌' 팝업 스토어를 개최했는데 매우 좋은 반응을 이끌어 냈다. 가상의 아이돌을 보기 위해 관객들이 실제 매장을 방문한 것이다. 이번 팝업은 인공지능 음악 플랫폼을 통해 현실에서 버추얼 아이돌과 팬이 만나

오감으로 소통하는 기회를 마련했다는 점에서 의미가 있다(임경호, 2024). K-팝 분야가 성장할수록 팬들의 마음을 사로잡기 위한 다양한 시도가 이루어지고 있다. 특히 AI 기술의 도입으로 K-팝 분야에서도 많은 변화가 이루어지고 있음을 알 수 있다.

K-팝에 관심을 가지는 소비자들의 심리

문화적 호기심과 이국적 문화에 대한 관심

K-팝을 처음 접한 외국 팬들은 완벽한 군무와 흥미로운 음악, 그리고 철학적 가사들이 한데 어우러진 한국의 음악에 호기심을 가졌다. K-팝은 늘 봐 오던 자국의 아티스트들과 달리 화려한 의상, 독특한 헤어스타일, 세련된 메이크업으로 시각적 차별화를 극대화해 시선을 사로잡았다. 이미 드라마나 오락 프로그램 등을 통해 한국 문화에 친숙한 팬들에게 아이돌의 멋진 의상과 퍼포먼스, 그리고 팬들에 대한 친절한 태도는 사극 드라마 속 예의 바른 신비한 나라의 이미지를 떠올리게 하며 문화적 호감을 더욱 증폭했다.

특히 자국의 뮤지션들보다 긴 연습생 시절을 경험한 아티스트들의 스토리가 외국 팬들에게 감동을 준 것으로 보인다. K-팝은 유튜브나 틱톡 등 디지털 플랫폼을 통해 팬들의 호기심을 실시간으로 자극하고, 다양한 국가와 문화의 경계를 허무는 콘텐츠를 제공하고 있다. 글로벌 소비자들은 K-팝을 통해 이전에 경험하지 못했던 신선한 문화를 경험하며, 동시에 소속감과 자부심을 느끼게 된다.

자아 정체성과 롤 모델

사람들은 자신이 가장 이상적으로 바라는 모습(성공, 외모, 재능 등)을 특정 아이돌을 포함한 연예인에게 투영함으로써 자신의 결핍을 보완하려고 한다.

특히 10대 청소년들은 자아 정체성을 확립하는 과정에서 부모나 형제보다는 또래 집단이나 유명인 등 외부 모델을 통해 자아를 탐색한다(김명희, 2015). 즉, 아이돌을 통해 자아 정체성을 설정하고, 자신의 인생에서 중요한 롤 모델을 K-팝 아이돌로 정하고, 이들의 음악, 패션, 일상생활 등 모든 것에 관심을 가지고 이를 모방하려고 한다.

따라서 K-팝 아이돌은 단순한 대중문화 소비 대상이 아닌, 타인의 삶에 실질적인 영향을 미치는 사회적 모델로 인식될 필요가 있다. 이에 따라 아이돌 양성 과정에는 퍼포먼스 훈련이나 마케팅 전략을 넘어서, 자신의 철학과 가치관을 정립할 수 있는 인문학적 소양 교육이 포함되어야 한다.

카타르시스와 심리적 안정감

K-팝을 즐기는 사람들에 대한 인터뷰 기사를 살펴보면 특히 젊은 세대의 인생관과 가치관이 음악에 반영되어 있다는 점을 확인할 수 있다. 일부 K-팝 아티스트는 현실에 대한 불만이나 사회적 메시지를 직설적인 가사를 통해 표현하기도 한다.

K-팝은 강렬한 가사와 세련된 퍼포먼스, 화려한 무대 연출로 시청자들의 시선을 사로잡는다. 시청자들은 멋진 퍼포먼스를 즐기면서 업무나 대인 관계에서 쌓인 스트레스와 답답함을 해소하게 된다. 이러한 시각적 · 청각적 자극은 일상의 스트레스와 감정을 일시적이지만 해소하는 효과가 있으며 답답한 현실에서 벗어나는 탈출구 역할을 하기도 한다.

K-팝의 마케팅 포인트

글로벌 팬덤과 소통 전략

K-팝 아티스트들은 SNS와 디지털 플랫폼을 활용해 자신들의 팬과 적극적으로 소통하고 있다. 유튜브, 틱톡, 인스

타그램 등으로 글로벌 팬들과 실시간 소통하고 있고, 이들과의 소통을 소홀히 해서는 안 된다는 철학을 가지고 있다.

팬덤 마케팅은 아이돌에 대한 팬들의 높은 브랜드 충성도가 제품 홍보와 매출 증대로 이어질 수 있다는 가능성을 파악한 마케팅 전략이다. 팬덤을 통해 적극적 홍보와 지속적이고 강력한 매출 확보에 이를 수 있다. 이런 팬덤 마케팅은 상호 작용을 통한 감정적 유대를 중요시한다. 유대감이 형성되면 한정판 굿즈나 컬래버 제품 등에 대한 관심으로 이어질 수 있다. 따라서 감성적 메시지 전략과 오직 '우리 팬들만이 누릴 수 있다'는 확신을 주는 참여형 이벤트를 결합해, 팬들이 브랜드와 아이돌을 함께 지지하도록 유도하는 것이 아이디어 설정에서 핵심적으로 중요하다.

이 같은 접근은 팬덤의 고유한 소속감과 자부심을 자극함으로써 브랜드와 아이돌 사이에 강한 정서적 연결 고리를 만들어 낸다. 따라서 팬덤을 마케팅 자원으로 활용하고자 한다면, 단순한 소비자 관계가 아닌 정서적 신뢰와 소속감을 형성하는 관계 구축이 필요하며, 이를 통해 장기적인 브랜드 성장을 실현할 수 있다.

스토리가 되는 세계관의 빌드 업

K-팝 마케팅 활동 중 눈여겨봐야 하는 지점은 K-팝만의 독특한 스토리다. 이 스토리는 아티스트가 만드는 독특한 세계관이고, 이 세계관은 새로운 음원이 출시될 때마다 더욱 견고해지고 더 확장되는 특성이 있다.

K-팝의 세계관은 단순히 리듬과 가사만으로 구성되는 것이 아니다. 영상과 독특한 기술이 결합해 현실에서 보지 못하는 거대한 서사를 가진 세계관이 만들어진다. 이런 세계관의 구축은 음악에 대한 몰입을 극대화하고 강력한 팬덤으로 이어진다(박성혜, 2019).

예를 들어, BTS의 〈화양연화〉 시리즈는 전 세계 팬들에게 강렬한 공감과 울림을 선사한 것으로 평가받는다. 이 시리즈는 '청춘'을 테마로, 인생에서 가장 빛나는 시기임을 상징함과 동시에 불안과 고통의 감정을 함께 담아냈다. 각 멤버들은 청춘의 여러 모습을 상징하는 역할을 맡아 개인의 성장, 우정, 사랑, 상처, 화해와 같은 다층적 테마를 섬세하게 풀어냈다.

이런 이야기는 단순히 음악에 머무르지 않고 뮤직비디오, 공연, 소설, 화보, 팬 커뮤니티 등 다양한 매체로 확장되었고, 팬들이 직접 이야기에 참여하고 해석할 수 있는 '열린 세계관'을 형성했다. 특히 팬들은 이 확장된 서사 속에서 자신만의 독특한 해석을 만들어 내고, 이를 다른 팬들과 공유했다. 팬들의 이러한 해석과 공유의 과정도 마치 이야기의 일부가 된 듯한 느낌을 주었다.

BTS의 〈화양연화〉는 단순한 앨범을 넘어 음악이 하나의 브랜드이자 세계관으로 자리매김해 팬들과 지속적인 정서적 연결을 만들어 가는 대표적인 사례라 할 수 있다(Courtney, 2020). 다양한 매체를 활용해 확장된 세계관을 보여 주었으며, 이는 정교한 K-팝 마케팅의 성공 사례라 할 수 있다.

트랜스미디어 전략

K-팝 마케팅은 트랜스미디어 전략을 적극적으로 도입하며, 음악과 다양한 미디어의 결합을 통해 전 세계 엔터테인먼트 산업의 새로운 표준을 만들어 가고 있다(Han, 2022). 플랫폼을 활용해 스토리를 확장하는 일은 팬들에게 깊이 있는 몰입감을 제공하고, 그룹과 팬덤 간의 상호작용을 강화하면서, 지속 가능한 콘텐츠 생태계의 구축에도 기여한다.

음악, 영상, 게임, 웹툰, 소설 등 여러 매체로 분산돼 전개되는 이야기는 서로 긴밀히 연결되어 하나의 큰 흐름과 세계관을 형성한다. 이런 연결된 스토리는 팬들에게 단순한 음원 감상 이상의 경험을 제공하며, 음악을 듣는 행위가 다른 매체의 이야기와 결합되어 더 깊은 몰입감과 즐거움으로 확장된다. 결국 이런 다면적 이야기 구조는 팬들이 아티스트의 음악을 반복해서 듣고, 관련 콘텐츠를 찾아보며, 커뮤니티에서 적극적으로 활동하도록 이끄는 중요한 동인이 된다.

예를 들어, 아이돌 그룹 투모로우바이투게더는 앨범과 뮤직비디오의 복잡한 스토리를 선보이며, 그 의미 해석을 팬들에게 맡긴다. 투모로우바이투게더의 세계관은 마법이나 초자연적 현상과 같은 판타지적 요소를 결합해 단순히 음악에만 국한되지 않고 웹툰과 웹소설로 확장되었다. 또한 뮤직비디오에서는 스토리텔링을 활용해 음악과 영상이 하나로 어우러지는 감각적인 경험을 제공한다는 평가를 받았다. 메타버스 속 게임에서도 캐릭터들이 등장해 팬들이 직접 세부적인 세계관을 체험할 수 있도록 한다. 투모로우바이투게더는 하나의 음원에서 시작해 여러 매체에 걸쳐 이야기를 풀어내는 트랜스미디어 전략의 대표적 성공 사례로 꼽힌다(뉴시스, 2022).

소비자 관점의 마케팅 포인트

아이돌 팬을 대상으로 한 인터뷰에서 눈에 띄는 것은 새로운 테크놀로지에 대한 이해와 데뷔 전후의 모든 이야기를 접하고 팬이 되었다는 내용이다.

새로운 테크놀로지 기술을 이해해야 아이돌의 팬이 된다

인터뷰를 해 보면, 한 아이돌의 팬덤이 된다는 것은 단순히 음악을 좋아하는 수준을 넘어, 새로운 기술에 대한 지식을 섭렵하고 이를 실천하는 것을 의미하는 것으로 나타난다. 메타버스 속 아이돌 캐릭터를 구매하거나, 캐릭터에게 입힐 의상을 구입하는 일은 이제 팬들에게 일상이 되었으며, 때로는 희귀 아이템이 NFT(non-fungible token: 대체 불가능 토큰) 방식으로 거래될 때도 이를 반드시 손에 넣기 위해 NFT의 개념과 거래 방식을 적극적으로 공부하고 습득하는 모습도 보인다. 팬들은 이제 새로운 기술을 이해하고, 그것을 팬 커뮤니티 안에서 어떻게 활용할지 자연스럽게 정보를 공유하는 단계에까지 이르렀다고 말한다.

K-팝 팬덤은 다른 엔터테인먼트 분야와 비교해 연령대가 낮고, 국제적으로 그 이용자가 넓게 포진해 있다. 이런 현상은 K-팝 마케팅에서 트렌드를 읽는 것이 매우 중요함을 말해 준다. 마케팅의 원칙은 소비자의 언어로 커뮤니케이션해야 한다는 것이다. K-팝 마케팅 또한 기존의 마

케팅 커뮤니케이션의 역할 수행 논리를 그대로 적용할 수 있다. 새로운 커뮤니케이션 채널을 알아내고, 각 채널의 강점과 특성을 도출해 내는 것이 중요하다는 사실을 인터뷰를 통해 알 수 있었다.

데뷔 전 이야기에 감동해 팬이 되었다

인터뷰를 진행하면서 특정 아이돌의 팬이 되는 시점이 아이돌이 음반을 내고 활동을 시작하기 훨씬 전이라는 점을 알 수 있었다. 실제로 팬클럽 멤버 상당수는 좋아하는 아이돌이 정식 무대에 서기 전부터 팬클럽 멤버로 활동해 오고 있었다고 한다. 회사의 공식 SNS를 통해 기획사에 소속된 아이돌들을 알게 되었고, 이 아이돌의 오디션 시절부터 연습생 시절까지의 모든 과정을 지속적으로 지켜보다 자연스럽게 팬이 되었다고 한다.

아이돌 엔터테인먼트에서는 아이돌을 발굴하는 과정, 오디션, 팀 구성, 연습, 일상생활 등 데뷔 전에도 모든 내용을 팬들과 공유할 수 있는 채널을 만들고 지속적으로 소통하는 것이 중요하다. 국제 팬들과 소통하기 위해 문화별 금기 사항도 숙지하고 있어야 한다.

팬들은 자신이 좋아하는 아이돌이 성장하는 과정을 지켜보면서 자신도 함께 성장해 가는 느낌을 받는 것으로 보인다. 이러한 팬들이 만족감을 느낄 수 있도록 어떤 과정부터 소통 채널을 활용해야 할지, 그리고 어떻게 이 콘텐츠를 이어 갈지를 고민해야 한다.

참고문헌

김명희(2015). 청소년의 자아정체성과 또래관계. ≪청소년심리학연구≫, 22(1), 45-67쪽.

김현정(2020). K-팝 팬덤의 소비문화와 브랜드 충성도에 미치는 영향, ≪문화연구저널≫, 25(1), 89-102쪽.

뉴시스(2022.1.18). 방탄소년단·엔하이픈·투바투 세계관, 얼마나 녹여냈나…하이브웹툰 보니. https://www.newsis.com/view/?id=NISX20220117_0001726235&cID=10601&pID=10600

박성혜(2019). 팬덤의 사회적 의미와 마케팅 활용 전략. ≪한국마케팅학회지≫, 20(3), 45-60쪽.

윤준필(2024. 9. 4) [엔터 마켓] 에스엠(SM), 혁신의 끝판왕…'버추얼 가수' 나이비스가 가져올 변화. ≪비즈엔터≫, https://enter.etoday.co.kr/news/view/264430

임경호(2024.2.29). 지니뮤직, 더현대 서울 '이세계아이돌' 팝업 스토어 개최. ≪테크M≫, https://www.techm.kr/news/articleView.html?idxno=120500

Courtney, M.(2020). "You can't help but love them": BTS, transcultural fandom, and affective identities. *Korea Journal, 60*(1), pp.100-127.

Han, B.(2022). Transmedia storytelling in K-팝: A case study of BTS and their narrative expansion. *Journal of Media Studies,*

35(2), pp.45-60.

Shim, D.(2006). Hybridity and the rise of Korean popular culture in Asia. *Media, Culture & Society, 28*(1), pp.25-44.

김찬석

청주대학교 광고홍보학과 교수다. AI 시대의 인문 소통, 디지털 시대의 광고홍보 전략, 브랜드 커뮤니케이션 및 위기관리, 설득과 협상의 인간 심리 등에 관심이 있다.

중앙대학교 정치외교학과를 졸업한 후, 동 대학원에서 정치학 석사학위와 언론학 박사학위를 취득했으며, 미국 서던캘리포니아대학교에서 방문교수로 활동했다. 제일기획 차장, 씨티은행 홍보이사 등으로 재직하며 글로벌 민간 기업의 실무경험을 쌓았다. 한국과학재단, 인천국제공항공사에서 업무 역량을 발휘했다. 한국PR학회장을 역임했으며, 한국광고학회 학술지 ≪광고학연구≫ 편집장으로 활동했다. 한국언론학회 학술상, 미국언론학회(AEJMC) 우수논문상, 청주대학교 청석학술상을 수상했다.

저서로 『사례로 본 PR경영』, 『4차 산업혁명 시대의 PR광고기획』 등이 있으며, 주요 논문은 “Media Analysis of Deep-sea Gas Field Exploration and Development Project in the East Sea”(2025) 등이 있다.

이현선

청주대학교 광고홍보학과 조교수다. 중앙대학교 불어학과를 졸업하고 동 대학원 신문학과에서 정치학 석사, 동 대학원 광고홍보학과에서 광고홍보학 박사학위를 받았다. “유명인 광고 모델의 신뢰성과 매력성에 따른 광고효과: 관여도 및 정보처

리동기를 중심으로"(2000)로 석사 학위를 받았고, "구조적 정렬성, 측정시기 및 측정방법에 따른 비교광고의 효과"로 박사 학위 논문을 받았다.

저서로 『4차산업혁명 시대의 PR광고 기획』이 있고, 주요 논문은 "Effects of Celebrity Credibility on Country Reputation: A Comparison of an Olympic Star and Political Leader(2018)", "대학 브랜드 커뮤니케이션 효과에 관한 연구(2017)" 등이 있다.